Jean Gibson

Training
im Christentum 0

clv
Christliche
Literatur-Verbreitung e. V.
Postfach 1803 · 4800 Bielefeld 1

© 1979 by Fairhaven Bible Chapel,
San Leandro, Californien, USA
Originaltitel: Survey in Basic Christianity
© der deutschen Ausgabe 1989
by CLV · Christliche Literatur-Verbreitung
Postfach 1803 · 4800 Bielefeld 1
Umschlaggestaltung: Dieter Otten, Gummersbach
Gesamtherstellung: Ebner Ulm

ISBN 3-89397-600-0

Inhalt

Vorwort 7

KAPITEL I
Dein Wort ist Wahrheit 9
Fragen zu Kapitel I 13

KAPITEL II
Die Person Gottes 19
Fragen zu Kapitel II 25

KAPITEL III
Das Wesen Gottes 29
Fragen zu Kapitel III 33

KAPITEL IV
Was ist der Mensch? 39
Fragen zu Kapitel IV 45

KAPITEL V
Das Problem der Sünde 49
Fragen zu Kapitel V 55

KAPITEL VI
Über die Ewigkeit 59
Fragen zu Kapitel VI 65

KAPITEL VII
Jesus, der Messias: Gottes Erlösungsplan 69
Fragen zu Kapitel VII 75

KAPITEL VIII
Das Kreuz Jesu 81
Fragen zu Kapitel VIII 85

KAPITEL IX
Die neue Geburt 89
Fragen zu Kapitel IX 93

KAPITEL X
Errettung aus Gnade 97
Fragen zu Kapitel X 101

KAPITEL XI
Vom Glauben an Jesus Christus 105
Fragen zu Kapitel XI 111

KAPITEL XII
Heilsgewißheit 117
Fragen zu Kapitel XII 123

KAPITEL XIII
Das neue Leben 127
Fragen zu Kapitel XIII 135

Terminologie der Errettung – biblische
Schlüsselwörter 139

KAPITEL II

Die Person Gottes

»Ich bin Gott und sonst keiner mehr. Ein Gott, dem nichts gleicht.« (Jes 46,9). Die Bibel redet mit der Stimme des höchsten Wesens: »des Hohen und Erhabenen, der ewig wohnt...« (Jes 57,15). Aus der geheimnisvollen Unendlichkeit seines absoluten Wesens heraus erklärt Er sich als »der lebendige Gott« (Ps 42,3; 84,3; Dan 6,21; 1 Tim 4,10; Hebr 9,14; 10,31). »Seine Größe ist unerforschlich« (Ps 145,3). Seine Unermeßlichkeit ist so groß, daß wir »in ihm leben und weben und sind« (Apg 17,28). Immer und immer wieder ertönt der Ruf »Gott, wer ist wie du?« (Ps 71,19; 89,9; 113,5). Die Antwort muß immer sein: »Da ist keiner wie du.«

Gebräuchliche Auffassungen über Gott

Der Name »Gott« war immer schon in vieler Munde. Da sind jene, die Seine Existenz verleugnen, jene, die Seinen Namen zum Fluchen verwenden und jene, die Sein Wesen verzerrt und verdreht darstellen. Atheisten sagen, daß es keinen Gott gibt und daß sie dies auch beweisen können. Agnostiker sagen, es ist unmöglich, etwas von Seiner Existenz zu wissen, und arbeiten fleißig daran, um Millionen von Menschen für die Botschaft des Nichtwissens zu gewinnen. Pantheisten behaupten, Gott sei Natur, die sich selbst erschaffen habe, und die Menschheit sei ein Teil davon. Polytheisten sagen, es gebe nicht nur einen Gott, sondern viele Götter. Zu dieser Kategorie gehört eine Vielfalt von Auffassungen vom antiken Heidentum bis zum modernen Mormonentum. Es werden auch noch andere Vorstellungen vertreten. So wird behauptet, daß alles Gott sei, Sie und ich eingeschlossen, oder daß Gott ein Prinzip sei, eine unpersönliche Kraft oder Macht. Es wird auch behauptet, daß Gott lediglich eine Idee im Gehirn eines Menschen sei, eine psychologische Krücke oder eine Neurose (eine irrationale Angstvorstellung). Die Menschen haben Bildnisse und Götzen gemacht, die Gott darstellen sollten (Apg 19,23-28), obwohl dieses in der Bibel verboten wird (2 Mo 20,4.5). Oft haben sich Menschen als Götter ausgegeben und haben andere aufgefordert, sie anzubeten. So manche, die es ablehnen, eine Verantwortung einem höheren Wesen gegenüber anzuerkennen, sind im Endeffekt ihre eigenen Götter geworden.

Gott beweist sich selbst

Die Bibel versucht nicht zu beweisen, daß es einen Gott gibt. Sie setzt voraus, daß dieses Wissen in das Bewußtsein des Menschen eingewoben ist. Sie sagt, daß nur ein Tor Seine Existenz leugnet (Ps 14,1; 53,1). Sie bemerkt, daß Gottlose Ihn zu vergessen suchen (Ps 10,4). In der Archäologie gilt es als Beweis für menschliches Leben, wenn Hinweise für eine Gottesanbetung gefunden werden. Keine Diktatur war bis jetzt in der Lage, den Glauben an Gott auszulöschen, trotz noch so großer Anstrengungen. Während fast der ganzen Geschichte ist der Mensch in seinem innersten Wesen fest von der Existenz Gottes und seiner Verantwortung Ihm gegenüber überzeugt gewesen. Dieses Wissen ist auch die Basis für seine Verantwortung Ihm gegenüber. »Weil das von Gott Erkennbare unter ihnen offenbar ist, denn Gott hat es ihnen geoffenbart. Denn sein unsichtbares Wesen, sowohl seine ewige Kraft als auch seine Göttlichkeit wird von Erschaffung der Welt an in dem Gemachten wahrgenommen und geschaut, damit sie ohne Entschuldigung seien« (Röm 1,19.20).
Die feste Überzeugung von der Existenz Gottes bestand lange bevor Menschen für oder gegen diese Überzeugung Argumente zu sammeln begannen. Nichts weniger als ein systematischer Angriff, durch den Staat, den Erziehungs- und Bildungsprozeß oder die Massenmedien, kann den Glauben an Gott schwächen. Es ist auch deutlich, daß bei zunehmendem Stolz, intellektueller Überheblichkeit, Unmoral und fortschreitendem gesellschaftlichem Zerfall die Existenz Gottes in Frage gestellt wird.
Manche fragen: »Warum sollen wir an Gott glauben? Wir können für alles eine natürliche oder evolutionistische Erklärung finden.« Diejenigen, die sich für intelligenter halten als die, die an Gott glauben, sollten folgendes bedenken:

1. *Nichts entsteht aus sich selbst.* Keine wissenschaftliche Arbeit konnte bis jetzt eine Ursachenkette beweisen, die aus dem Nichts kam. Tatsache ist, daß nichts aus nichts kommt. Die Bibel sagt: »Denn ein jedes Haus wird von jemand erbaut; der aber alles erbaut hat, ist Gott« (Hebr 3,4).

2. *Komplizierte Gebäude verlangen einen Schöpfer oder Planer.* Jedes Organ des Menschen, ob sein Gehirn oder seine Augen, ist komplizierter als ein Computer oder eine Uhr, und doch würde keiner glauben, daß letztere durch Zufall entstanden sein könnten.

Das Wesen Gottes aus biblischer Sicht

1. *Es ist ein Gott.* Das Alte wie das Neue Testament verkünden, daß es nur einen Gott gibt (5 Mo 6,4; Jes 45,5; 1 Tim 2,5). Judentum und Islam stimmen in dieser Aussage mit dem Christentum überein. Die Menschen sprechen oft von anderen Göttern (1 Kor 8,5.6), und die Bibel verwendet diesen Ausdruck manchmal in einem untergeordneten Sinn (2 Mo 7,1; Ps 82,6), aber es gibt nur einen wahren Gott.

2. *Gott existiert in drei Personen.* Der wahre Gott ist eine mehrfache und nicht eine einfache Einheit. Er ist einer im Wesen, wird aber in der Heiligen Schrift als eine Mehrzahl von Personen geoffenbart. Ein Name für Gott im Alten Testament ist Elohim, er wird ungefähr 2600mal verwendet. Dieses Hauptwort ist seiner Form nach Mehrzahl, wird aber manchmal mit einem Zeitwort in der Einzahl verwendet. 5. Mose 6,4 ist das klassische jüdische Bekenntnis, daß es nur einen Gott gibt: »Jahwe, unser Gott, ist ein einiger Jahwe.« Dieser Vers verwendet das Wort Elohim. Weiter stellen wir fest, daß Gott sogar schon im Alten Testament oft von sich selbst als »uns« oder »wir« spricht (1 Mo 1,26; 3,22). Kein König Israels spricht jemals von sich in dieser Weise. Es gibt Stellen, wo zwischen »Gott« und »Gott« unterschieden wird (Ps 45,7.8; vgl. Hebr 1,8; oder »der Herr sprach zu meinem Herrn« Ps 110,1; Mt 22,42-46). Die deutlichere Offenbarung Gottes als Vater, Sohn und Heiliger Geist gibt uns das Neue Testament. Jede Person wird als Gott bezeichnet, obwohl das Neue Testament bestätigt, daß es nur einen Gott gibt.

a) Der Vater ist Gott (1 Thes 1,1; 2 Petr 1,17).
b) Der Geist ist Gott (Apg 5,3.4; 2 Kor 3,17).
c) Der Sohn ist Gott (1 Jo 5,20; Tit 2,13; Joh 1,1.14; 20,26-28; Apg 20,28; Röm 9,5; Kol 2,8.9; 1 Tim 3,16; Hebr 1,8; Offb 1,8.17.18).

Alle göttlichen Eigenschaften wie z.B. auch Wille, Gefühl und Vernunft werden jeder einzelnen Person zugeschrieben. Vater, Sohn und Heiliger Geist unterscheiden sich voneinander und sind doch eine göttliche Einheit (1 Petr 1,2; Jud 20.21). Ihre Namen vereinigen sich in der Taufformel (Mt 28,19) und in dem apostolischen Segen (2 Kor 13,13). Man findet sie bei der Taufe Jesu (Mt 3,16.17) sowie in den Reden im Evangelium des Johannes (Joh 14,16-20; 15,26; 17,7-16). Dort wird auch die Einheit deutlich gemacht (Joh 14,9; 17,22). Sie werden als Personen der Gottheit bezeichnet, obwohl sie sich nicht in unsere Vorstellung von »Personen« einordnen lassen. Sie sind weder drei verschiedene Götter noch ein dreiköpfiger Gott. Es ist nur ein Gott im Wesen. Das Wort »Dreieinigkeit« wird der Einfachheit halber verwendet, um die Gottheit zu beschreiben, obwohl es in der Bibel nicht vorkommt. Dasselbe gilt für den Ausdruck »Dreieiniger Gott«.

Da wir nichts Vergleichbares kennen, haben wir in unserer Sprache kein Wort, um diese Wahrheit entsprechend auszudrücken. Auch die Bibel erklärt sie nicht. Wir sollen die direkten Aussagen der Bibel akzeptieren und es dabei belassen.

3. *Gott ist Geist* (vgl. Joh 4,24). Er kann die Gestalt eines Menschen annehmen oder sich durch eine Stimme hörbar machen. Er kann sich aber auch durch ein Naturereignis wie Donner oder Blitz offenbaren. Doch ist Er ein unsichtbares Geistwesen, das nicht an Raum, Zeit oder Materie gebunden ist.

4. *Gott hat Persönlichkeit.* Er ist nicht nur ein Prinzip oder eine Idee. Personhafte Eigenschaften wie Erkenntnis (1 Jo 3,20), Empfinden oder Gefühle (1 Mo 6,6) sowie Willen oder Entscheidungsfähigkeit (Jak 1,18) werden Ihm zugeschrieben. Er offenbart sowohl Liebe als auch Zorn.
Er kann sich erinnern oder bewußt vergessen. Er trifft Vorsätze (Eph 1,9.11), Entscheidungen und offenbart die Zukunft. Gott ist nicht eine für sich selbst bestehende Maschine. Der größte Trost des Gläubigen ist das Wissen, daß Gott Liebe ist (1 Jo 4,8.16). Kein Prinzip, keine unpersönliche Macht würde

die Aussage in 1. Petrus 5,7 rechtfertigen:»...indem ihr alle eure Sorgen auf ihn werft, denn er ist besorgt für euch«. Das Wort »Gott« ist in unserer Sprache mit dem Wort »gut« verwandt. Er ist wirklich gut. Er wird auch als Herr, als der Allmächtige, der Schöpfer, der Retter, der Erlöser und mit vielen anderen Namen bezeichnet. Der Name Jehova kommt von dem Namen JHVH, ein Wort mit 4 Buchstaben für den göttlichen Namen im Alten Testament. Es wurde nie ausgesprochen, und über die volle Schreibweise oder Aussprache kann man nur Vermutungen anstellen. Sehr wahrscheinlich ist jedoch die Form »Jahwe« (vgl. Vorwort zur nichtrevidierten Elberfelder Übersetzung, Seite VII). Niemand kann auf Grund der Bibel sagen, daß es eine einzelne Bezeichnung gibt, die als einzig akzeptable für Gott gilt. Es ist wesentlich, daß wir den einen Gott der Bibel kennen, der uns auffordert, Seinen Sohn Jesus Christus kennenzulernen. Er ist der einzige Weg zu Gott (Joh 14,6).

Fragen zu Kapitel II

Die Person Gottes

Es ist sehr wichtig zu wissen, an wen wir glauben. Wie ist Er? Haben Sie falsche Vorstellungen von Ihm?

1. Gott ist
   a) eine Idee.
   b) eine Kraft.
   c) ein Mensch.
   d) Geist.
   (Wählen Sie eine Antwort.)

2. Welcher der folgenden Begriffe beschreibt am besten Ihre Vorstellung von Gott?
   a) Polizist
   b) Manager
   c) Ihr eigener irdischer Vater
   d) eine Maschine
   e) keines von diesen

3. Wie würden Sie Gott jemandem beschreiben, der noch nie von ihm gehört hat?

4. Versucht die Bibel Gottes Existenz zu beweisen, oder setzt sie Seine Existenz als selbstverständlich voraus (1 Mo 1,1)?

Wie kann ein Mensch wissen, daß es einen Gott gibt, auch wenn er keine Bibel hat (Ps 19,1.4; Röm 1,19.20)?

Warum glauben Sie, daß Gott existiert?

5. Die Bibel lehrt uns, daß
   a) es einen Gott gibt.
   b) es drei Götter gibt.
   c) es viele Götter gibt.
   d) wir alle den gleichen Gott anbeten.

6. Was sagt die Bibel über die Existenz anderer »Götter«, die von Menschen angebetet werden (1 Kor 8,5.6)? Geben Sie diese Verse in eigenen Worten wieder.

7. Wie würden Sie jemandem folgendes erklären: Der Vater ist Gott. Der Sohn ist Gott. Der Geist ist Gott. Es gibt nur einen Gott.

8. Gott ist Geist. Das heißt:
   a) Wir können ihn nicht kennenlernen.
   b) Er ist unsichtbar.
   c) Er kann sich nicht sichtbar machen.
   d) Er ist unpersönlich.

9. *Was würden Sie sagen?* Weil Gott eine Person ist, ist es möglich, eine persönliche Beziehung zu ihm zu haben. Wie würden Sie Ihre derzeitige Beziehung zu Ihm beschreiben?

10. Was sagen andere dazu?
    Nehmen Sie in dieser Woche mit mindestens drei Personen Kontakt auf und stellen Sie ihnen die folgenden Fragen. Sie können etwa so vorgehen:
    Ich mache eine Umfrage im Rahmen eines Bibelkurses hier in
    ...
    Würden Sie mir bitte helfen und mir Ihre Meinung zu drei wichtigen Fragen sagen?
    1. Wie würden Sie Gott definieren?
    2. Was ist Ihrer Meinung nach der größte Beweis für die Existenz Gottes (wenn jemand nicht an Seine Existenz glaubt, fragen Sie warum)?

3. Wenn Sie Gott etwas fragen könnten, was würden Sie Ihn fragen?

Herzlichen Dank für Ihre Mithilfe. Möchten Sie, daß ich Ihnen eine Kopie des Umfrageergebnisses zuschicke? Danke.

Schreiben Sie Name und Adresse des Befragten auf die Karten, die Sie vom Kursleiter erhalten. Vermerken Sie die Antworten auf der Rückseite mit dem Hinweis, ob Kopien der Ergebnisse gewünscht werden. Geben Sie die Karten beim Kursleiter ab. Die Ergebnisse werden von ihm vervielfältigt und den interessierten Personen zugeschickt.

KAPITEL III

Das Wesen Gottes

»Mit wem wollt ihr Gott vergleichen? Und was für ein Abbild wollt ihr von ihm machen?« fragte der Prophet (Jes 40,18). Die Bibel weist darauf hin, daß Er mit nichts und niemandem vergleichbar ist. Sie verwendet unsere Sprache und menschliche Ausdrucksweise, um Ihn zu beschreiben. Die Tatsache, daß die Bibel von Arm, Auge, Hand oder Mund des Herrn spricht, bedeutet nicht, daß er diese Organe wirklich hat, genausowenig wie Er die Gestalt eines Vogels hat, wenn es heißt: »Mit seinen Schwingen deckt er dich« (Ps 91,4). Wenn Er vom Menschen vollständig verstanden, erklärt oder analysiert werden könnte, dann würde Er mit dem Menschen auf der gleichen Stufe stehen. Wir sollten uns hüten, Tatsachen über Gott zu verwerfen, nur weil sie nicht in den Rahmen unseres Vorstellungsvermögens passen. Hiob wurde gefragt: »Kannst du die Tiefe Gottes erreichen oder das Wesen des Allmächtigen ergründen?« (Hi 11,7). Die Antwort ist, daß wir nur das über Gott wissen können, was Er uns in Seinem Wort offenbaren will und nicht mehr. Manche Begriffe überschreiten die Grenze unseres Fassungsvermögens.

Ausschließliche Attribute (die nur Gott besitzt)

In der Heiligen Schrift werden bestimmte Aussagen über das Wesen Gottes gemacht, soweit Gott sie uns offenbaren wollte. Wir nennen sie »Attribute«. Gott ist:

1. *Selbstexistent:* Er hat Leben in sich selbst (Joh 5,26). Er hat keinen Ursprung. Er war von Anfang an (1 Mo 1,1; Joh 1,1).

2. *Ewig:* »Von Ewigkeit zu Ewigkeit« ist Er Gott (Ps 90,2; Hab 1,12). »Der Seiende« drückt der Name »Ich bin« aus (2 Mo 3,14), der Eine, welcher Vergangenheit, Gegenwart und Zukunft umfaßt (Offb 4,8).

3. *Unendlich:* Dies bedeutet »ohne Einschränkung und Grenzen«. Nichts kann Gott fassen (1 Kö 8,27). Mit keinem Maß kann Er gemessen werden.

4. *Allmächtig:* Der Allmächtige hat Kraft und Autorität, das zu tun, was immer Er will (Hi 42,2; Mt 19,26). Dies wird mit »Omnipotenz« bezeichnet.

5. *Allwissend:* Er hat unbegrenztes Wissen und unermeßliche Einsicht (Ps 147,4.5). Nichts kann dazu in irgendeiner Weise hinzugefügt werden, nichts kann Ihn überraschen oder irreführen (Hebr 4,13; Joh 3,20). Dies bezeichnet man als »Omniszienz«. Er weiß das Ende vor dem Anfang (Jes 46,10). Dies schließt auch seine Vorkenntnis aller Dinge ein (Apg 2,23).

6. *Allgegenwärtig:* Er ist unbeschränkt in bezug auf Raum und Zeit. Er ist zu gleicher Zeit überall (Ps 139,7-12). Dies nennt man »Omnipräsenz«. Es ist unmöglich, Ihm zu entfliehen (Jer 23,23.24; Am 9,2).

7. *Unveränderlich:* Er kann Sein Tun und Handeln ändern, aber niemals Sein ewiges Wesen und Seine ewigen Vorsätze (Mal 3,6; Jak 1,17). Er ist weder unbeständig noch untreu. Dies nennt man »unwandelbar«.

8. *Unabhängig:* Er bedarf absolut nichts, weil Er keinerlei Unzulänglichkeiten oder Mängel hat (Apg 17,24.25).

9. *Souverän:* Er ist Regent und Herrscher über alles, und keiner kann Ihn hindern. Er regiert alles nach dem Ratschluß Seines eigenen Willens (Eph 1,11; Jes 40,13.14). Er hat als Gott das unbeschränkte Recht, alles zu tun, was Ihm gefällt (Röm 9,15-18). Er ist niemandem zu irgend etwas verpflichtet.

Relative Attribute (die auch Menschen haben können)

1. *Liebe:* Sie ist die aufopfernde und selbstlose Haltung, für den anderen das Höchste und Beste zu wollen. Sie ist praktisch und wohltätig. Weil Gott uns liebt, gab Er Seinen Sohn für uns (Joh 3,16). Seine Liebe hängt nicht von der Liebenswürdigkeit oder der Gegenliebe des geliebten Gegenstandes ab. Vielmehr liebt Gott die feindseligen, undankbaren und sündigen Menschen, obwohl Er die Sünde haßt (1 Jo 4,10; Eph 2,4.5; Röm 5,8; Jer 31,3).

Erbarmen ist eng mit Liebe verbunden. Es umschließt inneres Mitgefühl für andere (Ps 86,15; Mt 9,36; 14,14).

2. *Zorn:* Sein heiliges Mißfallen an allem Bösen, in dem die Menschen verharren und wovon sie nicht umkehren wollen (Kol 3,5-7; Röm 2,4-6) ist kein Widerspruch zu Seiner Liebe, sondern ist ein anderer Aspekt Seines Wesens. Römer 1,18 zeigt uns den Gegenstand Seines Zorns»... über alle Gottlosigkeit und Ungerechtigkeit der Menschen«.

3. *Gnade:* Seine unverdiente und umsonst erzeigte Gunst anderen gegenüber ist nicht eine Verpflichtung seinerseits für geleistete gute Werke (Röm 4,4.5; 11,6). Die Gnade bietet der Menschheit die Rettung an (Eph 2,8; Tit 2,11).

4. *Barmherzigkeit:* Sein aktives Mitleid und Erbarmen dem Sünder oder Notdürftigen gegenüber, wodurch Trost und Hilfe geschenkt wird, ist mit der Gnade vergleichbar (Ps 103,8). Gott ist reich an Barmherzigkeit (Eph 2,4).

5. *Heiligkeit:* Er ist abgesondert von allen anderen Wesen, und es ist nichts Böses oder Unreines in Ihm (Ps 99,9; Jes 57,15). Er wird »Der Heilige« genannt. Der Himmel lobpreist Seine Heiligkeit (Offb 4,8; Jes 6,3). Absolut gesehen ist niemand heilig außer Gott (Offb 15,4; Hebr 7,26). Diese Eigenschaft macht die Bestrafung der Sünde notwendig (Jes 59,2). Wir sind berufen, heilig zu sein, weil Er heilig ist (1 Petr 1,16).

6. *Gerechtigkeit und Rechtschaffenheit:* Diese beiden Worte haben dieselbe sprachliche Wurzel im Neuen Testament. Gemeint ist ein unparteiisches und faires Verhalten dem anderen gegenüber. Nichts Falsches kann von Ihm ausgehen (Neh 9,33; Ps 145,17). Er ist der gerechte Richter (2 Tim 4,8) und Er wird unfehlbar richtig handeln (1 Mo 18,25). Seine Gerechtigkeit verlangt, daß die Strafe für die Sünde bezahlt wird, und Seine Liebe liefert eben diese Bezahlung, somit ist Er sowohl »gerecht als auch der Rechtfertiger dessen, der an Jesus glaubt« (Röm 3,26).

7. *Wahrheit:* In Gott ist keine Falschheit, keine Untreue, kein Mangel an Beständigkeit und Konsequenz (4 Mo 23,19; 1 Jo

5,20). Er ist die Wahrheit (Joh 14,6). Er ist absolut und vollkommen treu (2 Tim 2,13; Offb 19,11).

8. *Geduld:* Seine selbstauferlegte Zurückhaltung gegenüber Handlungen, zu denen Er durchaus berechtigt wäre, ist eine Eigenschaft, die nur jemandem entspricht, der große Macht besitzt. Langmütige Ausdauer gegenüber Fehlverhalten ist ein Aspekt (Röm 9,22; Apg 13,18); Beharrlichkeit beim Suchen des Guten ist ein anderer (2 Petr 3,9).

9. *Weisheit:* Gott ist allwissend, aber Seine Anwendung dieses Wissens zeigt eine unendliche Weisheit – tiefe Erkenntnis gepaart mit einem vollkommenen Urteilsvermögen (Röm 11,33; Eph 3,10). »Unergründlich ist seine Einsicht« (Jes 40,28).

10. *Güte:* Seine Herzensgüte ist die Eigenschaft, die die Menschen zur Buße leiten sollte (Röm 2,4). Gott ist voll von Güte, Freundlichkeit und Wohlwollen (Ps 119,68; 145,9). Menschliche Schwierigkeiten und Sorgen sollten uns nie dazu veranlassen, Seine Güte in Zweifel zu ziehen.

11. *Freigebigkeit:* Gott ist der größte aller Geber, was Er durch die größte aller Gaben, Seinen Sohn, bewiesen hat (Joh 3,16). Deshalb liebt er fröhliche Geber (2 Kor 9,7). Gott gibt reichlich (Jak 1,5). Er ist es, der die Fenster des Himmels öffnet und den Segen in Strömen herabfließen läßt. Seine Art ist es, ein *übervolles* Maß zu geben (Mal 3,10).

Fragen zu Kapitel III

Das Wesen Gottes

Gottes Wege sind durch Sein Wesen und Seine Attribute bestimmt. Folgende Fragen sollen uns helfen, Ihn besser zu verstehen.

1. Für einen Menschen ist es schwierig zu verstehen, wie Gott ist, weil:
   a) der Mensch denkt, Gott sei wie er selbst.
   b) Gottes Wege »höher« als Menschenwege sind.
   c) es niemand und nichts gibt, was man mit Gott vergleichen könnte.
   d) es nicht möglich ist, Gott zu erkennen.
   e) Alles trifft zu (a–d).
   f) a-c treffen zu.
   (Wählen Sie eine Antwort.)

2. Welche Beziehung hat Gott zu allem Geschaffenen (Apg 17,24.25)?

Welche Eigenschaften Gottes sind in den folgenden Versen beschrieben, die Seine Unabhängigkeit und Selbständigkeit besonders betonen? (Beschreiben Sie diese in Ihren eigenen Worten.)

Johannes 5,26; 1,1; 1. Mose 1,1

2. Mose 3,14; Psalm 90,2; Offenbarung 4,8

1. Könige 8,27

3. Lesen Sie Psalm 139 und zählen Sie drei Eigenschaften Gottes auf, die in diesen Versen beschrieben sind.

a)

b)

c)

4. Umschreiben Sie mit Ihren eigenen Worten Römer 8,28.

Welchen Trost kann ein Christ aus diesem Vers erhalten?

5. Welcher der folgenden Sätze trifft *nicht* auf Gottes Liebe zu?
   a) Gott liebt die ganze Welt.
   b) Gott hat uns geliebt, bevor wir ihn liebten.
   c) Gottes Liebe ist immerwährend.
   d) Gottes Liebe sieht über die Sünde hinweg.
   (Wählen Sie eine Antwort.)

6. Der Zorn Gottes ist ebenso real wie Seine Liebe. Was ist der Gegenstand für Gottes Zorn?
   a) jede Gottlosigkeit und Ungerechtigkeit der Menschen
   b) das harte, unbußfertige Herz
   c) die Ungehorsamen
   d) jene, denen ihre Sünden vergeben sind
   (Wählen Sie drei Antworten.)

7. Verbinden Sie folgende Eigenschaften Gottes mit den links stehenden Definitionen:

   – Unverdientes und wohlwollendes Entgegenkommen andern gegenüber   a) Gnade (Eph 2,8; Tit 2,11)

   – Aktives Mitleid und Erbarmen dem Sünder oder Notdürftigen gegenüber   b) Heiligkeit (Ps 99,9; Offb 15,4)

   – Gänzliches Fehlen von Unreinheit und Bösem Abgesondertsein von allen anderen Wesen   c) Barmherzigkeit (Ps 103,8; Eph 2,4)

   – Unparteiisches und faires Verhalten dem anderen gegenüber   d) Gerechtigkeit/Rechtschaffenheit (Neh 9,33; 1 Mo 18,25)

8. Wenn die Bibel sagt, daß Gott heilig ist, bedeutet es:
   a) Er ist sündlos.
   b) Er haßt die Sünde und liebt alles Gute.
   c) Er ist getrennt vom Sünder.
   d) Alles trifft zu (a-c).
   (Wählen Sie eine Antwort.)

9. *Was würden Sie sagen?* Durchdenken Sie sorgfältig die oben beschriebenen Eigenschaften Gottes. Welche wirken besonders tröstend auf Sie?

Sind welche dabei, die Ihnen Probleme bereiten? Warum bzw. warum nicht?

Menschen sagen oft: »Ich glaube, Gott würde das tun« oder: »Ich glaube nicht, daß Gott das tun würde«. Warum ist es wichtig, Gottes Wesen zu verstehen, bevor wir Vermutungen darüber anstellen, was Er tun oder nicht tun würde?

10. Was sagen andere dazu?
Nehmen Sie in dieser Woche mit mindestens drei Personen Kontakt auf und stellen Sie Ihnen die folgenden Fragen. Sie könnten etwa so vorgehen:
Ich mache eine Umfrage im Rahmen eines Bibelkurses hier in...
Würden Sie mir bitte helfen und mir Ihre Meinung zu drei wichtigen Fragen sagen?

1. Welche Eigenschaften hat Gott, die der Mensch nicht besitzt?
2. Was bedeutet »Gott ist heilig«?
3. Wie würden Sie die Aussage der Bibel erklären, daß Gott sowohl ein Gott der Liebe als auch ein Gott des Zorns ist?

Herzlichen Dank für Ihre Mithilfe. Möchten Sie, daß ich Ihnen eine Kopie des Umfrageergebnisses zuschicke? Danke.
Schreiben Sie bitte Name und Adresse des Befragten auf die Karten, die Sie vom Kursleiter erhalten. Vermerken Sie die Antworten auf der Rückseite mit dem Hinweis, ob Kopien der Ergebnisse gewünscht werden. Geben Sie die Karten beim Kursleiter ab. Die Ergebnisse werden von ihm vervielfältigt und den interessierten Personen zugeschickt.

KAPITEL IV

Was ist der Mensch?

»Was ist der Mensch, daß du seiner gedenkst?« fragt der Psalmist (Ps 8,5). Unser Leib ist aus Erde entstanden und wird wieder zu Erde werden (1 Mo 3,19). Was sind wir? Warum sind wir von Bedeutung? Was ist der Sinn unseres Lebens? Die Antwort auf diese Fragen wird unsere ganze Weltanschauung und Lebensweise entscheidend beeinflussen.

Die Herkunft des Menschen

Viele sagen, daß der Mensch nur eine der vielen Lebensformen sei, die im Universum durch Zufall entstanden. Sie sagen, daß der Mensch nur ein »höher entwickeltes Tier« sei, die »Krönung der Evolution«, daß er ein vergängliches Leben ohne bleibende Bedeutung habe. Und die Menschen haben diese Theorie aufgenommen, indem sie wie Tiere lebten, selbstsüchtig in jedes Vergnügen stürzten und in Verzweiflung lebten, den Eingang in das Nichts erwartend. Andere haben die mystische Ansicht, das Leben sei eine Art kosmisches Rad, das sich unaufhörlich drehe. Sie sagen, Leben habe in irgendeiner Form schon immer existiert. Der Mensch wird geboren, stirbt, verschwindet in eine Art »Nichts« und wird dann in irgendeiner anderen Form erneut geboren. Es gibt keine Erklärung über die Herkunft, keine kontrollierende Intelligenz, keinen persönlichen Gott. Vergleichen Sie die zwei Weltanschauungen. Welche scheint Ihnen die vernünftigere zu sein?

1. Ursprünglich war nichts. Materie oder Energie entstanden von selbst und dann ganze Planetensysteme, alles durch Zufall.

1. Gott schuf das All, einschließlich der Erde, des Menschen, der Säugetiere, Fische, Vögel und anderer Geschöpfe.
1 Mose 1,1-2,25
Johannes 1,3
Kolosser 1,16
Hebräer 11,3

2. Auf den verschiedenen Planetensystemen entstand Leben ohne Urheber. Das Leben entwickelte sich vom einfachsten Wesen zu komplizierten Formen ohne vernünftige Planung. Es stand kein Schöpfer, keine höhere Vernunft dahinter.

3. Der Mensch entwickelte sich aus einem frühen affenähnlichen Vorfahren. Er ist ein animalisches Wesen ohne geistliche Natur, ein biologischer Zufall im Weltall, ohne Zukunft.

2. Gott, die höchste Intelligenz, ist Urheber der Ordnung und Gesetze. Er ist die Quelle allen Lebens. Sein Meisterwerk ist der Mensch, den Er nach Seinem Bildnis geschaffen hat, daß er Ihm ähnlich sei.

3. Die ganze Menschheit stammt von einem Menschenpaar ab, das Gott geschaffen hat – wie wir es in 1. Mose 1 und 2 lesen können. Der Mensch unterscheidet sich wesentlich vom Tier durch seine Fähigkeit, Gott zu erkennen und zu verehren, durch seine Sprache und schriftliche Kommunikationsfähigkeit, durch Seele und Geist, die unsterblich sind.

Die Bibel sagt: »Im Anfang schuf Gott Himmel und Erde ... und Gott schuf den Menschen« (1 Mo 1,1.27). »Er hat uns gemacht und nicht wir selbst« (Ps 100,3). Gott kannte uns vor unserer Geburt (Ps 139,13-16).
Warum schuf er uns? – Zu Seinem eigenen Wohlgefallen (Kol 1,16; Offb 4,11). Er war der Töpfer und wir der Ton (Röm 9,20.21).
Wozu sind wir erschaffen? – Um Gott zu verherrlichen (Röm 1,21; Ps 86,9). Jedoch der Mensch weigerte sich, Gott zu verehren und Ihm zu dienen (Röm 1,25). Statt dessen suchte er für sich selbst zu leben.

Das Wesen des Menschen

Der Mensch wurde nach dem Ebenbild Gottes geschaffen (1 Mo 1,26; 5,1; 9,6). Das bedeutet »Schatten« oder »Ähnlichkeit«. Da Gott Geist ist, ist die Ähnlichkeit nicht physisch, sondern geistlich

(Eph 4,24; Kol 3,10). Das ist der Hauptaspekt der Einzigartigkeit des Menschen. Der Mensch besteht einerseits aus Materie, die man Leib nennt. Dieser Leib gleicht in vieler Hinsicht in seiner Funktion den Leibern anderer Lebewesen. Jedoch ist dieser Leib nur das »Zelt« oder das »irdische Haus«, in welchem der Mensch lebt (2 Kor 5,1-4; 2 Petr 1,14). Bedeutsamer ist, daß der Mensch auch eine Seele und einen Geist hat, die zusammen mit dem Leib sein dreiheitliches Wesen ausmachen (1 Thes 5,23). Es ist schwierig, die Seele vom Geist zu unterscheiden (Hebr 4,12). Mit unserem Leib und seinen Sinnen können wir Kontakt mit der Umwelt aufnehmen. Er wird daher der Sitz des Weltbewußtseins genannt. Die Seele ist der Sitz von Gefühl, Verstand und Willen (Ps 13,3; 42,6). Sie ist der Sitz des Selbstbewußtseins. Durch den Geist haben wir die Fähigkeit, Gott zu erkennen und die Dinge, die zum geistlichen Bereich gehören, zu verstehen. Er ist der Sitz des Gottesbewußtseins (Röm 8,16). Sogar ein Mensch, der Gott nicht kennt, hat einen Geist (Jak 2,26). Das Innere des Menschen wird manchmal »Herz« genannt (5 Mo 29,4; Ps 40,11.13; Spr 14,10; Jes 44,18). Wünsche, Wahrnehmungsvermögen und innere Einstellung kommen von dort her. Und das Gewissen, wie allgemein bekannt, zeigt uns, was richtig bzw. falsch ist, was gut bzw. schlecht ist (Röm 2,15; Hebr 5,14). Es spricht unser Pflicht- und Verantwortungsgefühl an wie auch unser Moralgefühl. Wir sagen oft »laß dich von deinem Gewissen leiten«. Es ist gewiß richtig, das Gewissen niemals zu verletzen, selbst wenn es schwach oder überempfindlich ist (1 Kor 8,10). Jedoch kann ein Gewissen gut sein (Apg 23,1; 1 Tim 1,5.19; Hebr 13,18) oder es kann böse sein (1 Tim 4,2; Hebr 10,22), es kann rein sein (1 Tim 3,9; 2 Tim 1,3), es kann aber auch befleckt sein (Tit 1,15). Es sollte unverletzt bleiben (Apg 24,16).

Die freie Wahl des Menschen

Die Notwendigkeit, eine Sache zu entscheiden, sich auf das eine oder andere festzulegen, besonders im sittlichen und geistlichen Bereich, ist die wichtigste Pflicht des Gewissens. Das kann und wird unser ewiges Schicksal bestimmen. Gott hat dem Menschen ganz klar das Recht zu wählen gegeben und hat diese Wahl zur Grundlage eines gerechten Gerichtes gemacht (5 Mo 30,15.19; Jos 24,15; Offb 20,12.13). Der Mensch entscheidet gerne selbst, aber er trägt dann nicht gerne die Folgen falscher Entscheidungen. Er schiebt die Schuld auf Gott, auf seine Eltern, auf die Gesellschaft, auf verschiedene Institutionen, auf die Zeitumstände, um die Verantwortung von sich abzuwälzen. Einige Religionen lehren, daß der Mensch ein moralischer Roboter ist, geschaffen von einem Gott, der alles bestimmt und ihm keine echte Chance gibt, sich selbst zu entscheiden. Aber es gibt gar keinen Anhaltspunkt für eine solche Lehre. Gott ruft den Menschen auf, sich zu entscheiden, und sagt, daß er ohne Entschuldigung ist, wenn er sich von Ihm abwendet (Röm 1,20).

Der Fall des Menschen

Denkende Menschen haben schon seit Tausenden von Jahren erkannt, daß mit dem Menschen etwas schiefgegangen ist. Wenn man bedenkt, daß es sogar gewisse Tiere gibt, die unter ihresgleichen in Harmonie leben – warum muß dann der Mensch töten, hassen, brutal handeln, andere verhungern und sterben lassen? Warum bemerken wir Egoismus und schlechtes Benehmen in kleinen Kindern, ohne daß sie dazu angeleitet wurden? Warum müssen wir die Kinder anhalten, das Gute zu tun, während sie das Böse von sich aus tun? Man hat diese Tatsache mit Theorien über Milieu, Elternhaus, psychologische Zwänge, politische und soziale Systeme zu erklären versucht, und doch ist es bis heute niemandem gelungen, seine Theorie als wahr zu beweisen bzw. die Natur des Menschen durch sie zu verändern.
Die Heilige Schrift sagt uns, wo der Fehler liegt. Die ersten Menschen, die in einem idealen Milieu lebten, trafen die falsche Entscheidung, indem sie Gott nicht gehorchten (1 Mo 3). An diesem Punkt kam die Sünde in die Welt (Röm 5,12-19) und damit eine Kette schrecklicher Folgen. Das Gericht kam schnell, denn der Mensch war eindeutig schuldig (1 Mo 3,16-24). Die Folgen des Sündenfalls für den Menschen und seine Nachkommen bis auf den heutigen Tag sind der Verlust des Paradieses, Tod, Schmerz und Schwierigkeiten. Wir nennen das den Sündenfall. Die Folgen des Sündenfalles lesen wir in 1 Mo 6,5; 8,21; Ps 12,2-4; Röm 3,10-23 und anderen Stellen. Die noch andauernden Auswirkungen sieht man auch heute in der Natur des Menschen. Die Sünde hat unser geistliches Verständnis verfinstert (Eph 4,18; 1 Kor 2,14), hat uns ein trügerisches Herz gegeben (Jer 17,9) und unser Fleisch wie

auch unseren Geist verdorben (Eph 2,3). Die Bibel führt jeglichen menschlichen Konflikt, alle Sorge, alles Böse auf eine Ursache zurück: die Sünde, denn nach der Schrift durchdringt die Sünde das ganze Wesen des Menschen. Die Bibel sagt auch, daß die Sünde die ganze Schöpfung beeinträchtigt hat, angefangen von den Dornen im Pflanzenreich bis zur Grausamkeit in der Tierwelt.

Die Verantwortung des Menschen

Der Mensch trägt Verantwortung gegenüber einem liebenden und fürsorgenden Gott. Wir sind Gott sehr teuer (Mt 10,31). Gott achtet uns des größten Opfers wert (Joh 3,16). Diese liebende Besorgtheit zeigt sich in der Haltung des Herrn Jesus, als Er über eine Stadt weinte, die Ihn ablehnte (Lk 19,41). Er wollte die Menschen retten, doch sie lehnten Ihn ab (Lk 13,34). Der Mensch ist nicht unabhängig und kann nicht über sich selbst bestimmen, ist nicht »autonom«, obwohl er das manchmal annimmt und dementsprechend handelt. Der Mensch kam aus der Hand seines Schöpfers und Erhalters, von dem er sogar für jeden Atemzug abhängig ist (Hi 33,4; 34,14.15; Ps 104,29.30; Jes 42,5). Eines Tages wird der Mensch vor seinem Schöpfer stehen müssen, um vor dem Angesicht Gottes Rechenschaft abzulegen (Röm 14,12; Hebr 9,27). In Johannes 3,36 und 1. Johannes 5,12 finden wir zwei Alternativen. Der Mensch muß sich entscheiden.

Fragen zu Kapitel IV

Was ist der Mensch?

Es ist wichtig, unsere menschliche Natur zu verstehen: woher wir kommen, warum wir überhaupt auf dieser Welt sind und was die Ursache unserer Probleme ist.

1. Wie erklären Sie die Herkunft des Menschen?
   a) Durch Evolution niedriger Lebensformen.
   b) Der Mensch ist ein Geheimnis, das wir nicht verstehen können.
   c) Der Mensch kommt aus der schöpferischen Hand Gottes.
   d) Er ist ein Teil eines existentiellen Kreislaufs ohne Anfang.
   (Wählen Sie eine Antwort.)

2. Wozu sind wir erschaffen?
   a) um unsere persönliche Bestimmung zu erfüllen
   b) um unsere Fähigkeiten zu entfalten
   c) um das Leben möglichst voll und ganz zu genießen
   d) einzig und allein um Gott zu verherrlichen
   (Wählen Sie eine Antwort aus.)

3. Welche Funktion im Menschen kennzeichnet
   a) den Leib:

b) die Seele:

c) den Geist:

4. Welche Bedeutung hat Ihrer Meinung nach die in 1. Mose 1,26 und 5,1 beschriebene Ebenbildlichkeit? In welcher Weise sind wir Gott ähnlich?

5. Welche Hinweise sehen Sie in der Welt, die die Lehre der Bibel unterstützen, daß der Mensch sowohl durch seine eigene Entscheidung als auch von Natur Sünder ist?

6. Der freie Wille des Menschen bzw. seine Fähigkeit, sich frei zu entscheiden,

   a) ist eine Illusion, denn letzten Endes geschieht doch Gottes Wille.
   b) ist so eingeschränkt, daß der Mensch nicht wirklich verantwortlich ist.
   c) gibt uns das Recht, frei zu entscheiden, ob wir Gott lieben und gehorchen wollen.
   d) ist durch die Schwierigkeit der Umstände unmöglich gemacht.

7. Geben Sie Psalm 139,14-16 mit eigenen Worten wieder.

8. Wie weisen die folgenden Verse darauf hin, daß Gott dem Menschen die Möglichkeit zur freien Entscheidung gegeben hat und daß dies die Grundlage eines gerechten Gerichtes ist (5 Mo 30,15.19; Jos 24,15; Offb 20,12-13)?

9. *Was würden Sie sagen?* Fassen Sie in eigenen Worten zusammen, wie Sie Ihre eigene Verantwortung Gott gegenüber sehen. Wie kann Gott Freude und Ehre durch Ihr Leben haben?

10. Was sagen andere dazu?
Nehmen Sie in dieser Woche mit mindestens drei Personen Kontakt auf und stellen Sie Ihnen die folgenden Fragen. Sie könnten etwa so vorgehen:
Ich mache eine Umfrage im Rahmen eines Bibelkurses hier in
. . .
Würden Sie mir bitte helfen und mir Ihre Meinung zu drei wichtigen Fragen sagen?

1. Woher stammt der Mensch?
2. Wozu lebt er?
3. Was, denken Sie, ist das Hauptziel Ihres Lebens?

Herzlichen Dank für Ihre Mithilfe. Möchten Sie, daß ich Ihnen eine Kopie des Umfrageergebnisses zuschicke?
Danke.
Schreiben Sie Name und Adresse des Befragten auf die Karten, die Sie vom Kursleiter erhalten. Vermerken Sie die Antworten auf der Rückseite mit dem Hinweis, ob Kopien der Ergebnisse gewünscht werden. Geben Sie die Karten beim Kursleiter ab. Die Ergebnisse werden von ihm vervielfältigt und den interessierten Personen zugeschickt.

KAPITEL V

Das Problem der Sünde

Warum gibt es Bosheit, Kummer, Krieg und Haß in dieser Welt? Warum herrschen Gier, Neid, Stolz und Grausamkeit? Warum handeln schon Kinder egoistisch, lügen, sind ungehorsam, bereiten ihren Eltern Kummer, ohne daß ihnen jemand diese Dinge direkt beigebracht hätte? Ist daran nur die schlechte Umgebung schuld? Die Bibel sagt uns, daß dieses Verhalten schon im Menschen angelegt ist, bevor er äußeren Einflüssen ausgesetzt wird (Ps 51,7; 58,4). Die Probleme des Menschen können nie richtig verstanden werden, wenn wir uns nicht dem Problem der Sünde stellen.

Landläufige Ansichten über Sünde

Was ist Sünde? Ein Lexikon wird uns darauf antworten, daß Sünde ein Vergehen gegen ein moralisches Gesetz oder gegen ein Gesetz Gottes ist. Das ist klar genug. Der Mensch ist jedoch von dieser einfachen Definition abgewichen und hat sich seine eigene Meinung gebildet. Zum Beispiel:

1. Es gibt keine Sünde. Richtig oder falsch ist nur eine Sache der sich verändernden Gesellschaftsformen.

2. Was anderen schadet, ist Sünde, aber was du persönlich tust, ist deine eigene Sache.

3. Sünde – das sind verschiedene schlechte Gewohnheiten. Sie werden je nach Position verschieden beurteilt.

4. Sünde ist falsches Denken oder schlechtes Urteilen.

5. Sünde mißfällt Gott; ist aber nicht weiter schlimm. Jeder sündigt, das ist menschlich.

Die biblische Sicht der Sünde

Vergleichen Sie diese menschlichen Anschauungen mit dem, was die Bibel über Sünde lehrt:

1. Seinen eigenen Weg gehen (Jes 53,6).
2. Die Gesetze Gottes übertreten (1 Joh 3,4).
3. Gegen Gott rebellieren oder gesetzlos leben (1 Jo 3,4).
4. Gutes tun können und es wissentlich unterlassen (Jak 4,17).
5. Etwas nicht im Glauben tun (Röm 14,23).
6. Nicht an den Herrn Jesus glauben (Joh 16,9).
7. Jede Ungerechtigkeit und alle Fehlhandlungen (1 Jo 5,17).
8. Alles, was Gottes Charakter widerspricht (Röm 3,23).

Verschiedene böse Dinge, die aus dem Innern des menschlichen Herzens kommen, sind in Markus 7,21-23 angeführt: böse Gedanken, Unzucht, Dieberei, Mord, Ehebruch, Habsucht, Bosheit, Arglist, Ausschweifung, Neid, Lästerung, Hochmut, Torheit. Keine Sünde bleibt Gott verborgen (Ps 90,8). Sünden entspringen einer sündhaften Natur (Röm 7,18). Unsere Sünden sind eine Beleidigung Gottes, denn Er ist absolut heilig (Jes 6,3-5; Hab 1,13). Gäbe es keinen Gott, dann gäbe es auch keine Sünde, da wir dann kein vollkommenes Wesen als Maßstab für das Richtige hätten.

Der Ursprung und die Folgen der Sünde

Die erste Sünde, von der wir wissen, wurde im Himmel begangen. Der Engel Luzifer wollte Gott gleich sein (Jes 14,12-14). Seine Sünde war Hochmut (Hes 28,15-17). Wegen dieser Sünde mußte er den Himmel verlassen und wurde der Teufel. Durch seine Verführung der ersten Menschenfamilie führte er die Sünde in diese Welt ein. Diese Sünde war der Ungehorsam gegenüber Gott (1 Mo 2,16.17; 3,1-6). Der Mensch wurde für seine Sünde verantwortlich gemacht und dementsprechend gerichtet (1 Mo 3,16-24).
In 1. Mose 3 sehen wir, daß die ersten Menschen ihre Gemeinschaft mit Gott verloren. Das Urteil lautete: Trennung von Gottes Gegenwart. Sie wurden als erste auch dem leiblichen Tod ausgesetzt, der Trennung des Leibes von der Seele. Und unmittelbar

nach dem Begehen der Sünde erfuhren sie den geistlichen Tod, welcher die Seele von der Gemeinschaft mit Gott trennt. Sie erfuhren die Wahrheit der bekannten biblischen Aussage: »Der Lohn der Sünde ist der Tod« (Röm 6,23). Als Lohn bezeichnen wir das, was wir verdienen und was uns zusteht. »Die Seele, welche sündigt, die soll sterben« (Hes 18,4). Der Tod allein kann die Bezahlung für Sünde sein. Dieser Tod beinhaltet auch den »zweiten Tod« (Offb 20,14), d. h. die ewige Trennung von Gott. Die Sünden der Menschen sind im Himmel aufgezeichnet und sind die Grundlage für das Gericht (Offb 20,12). Geld, Gebet, Kirchgang und gute Werke können die Schuld der Sünde nicht bezahlen.

Gott liebt den Sünder und nimmt ihn an

Es ist erstaunlich, aber wahr, daß ein heiliger Gott, der die Sünde so sehr haßt, dennoch den Sünder liebt. »Gott aber erweist seine Liebe gegen uns darin, daß Christus, als wir noch Sünder waren, für uns gestorben ist« (Röm 5,8). »Nicht daß wir Gott geliebt haben, sondern daß er uns geliebt hat« (1 Jo 4,10). Er zeigte uns Seine Liebe, indem Er Seinen eingeborenen Sohn sandte, um uns zu retten (Joh 3,16). Durch den Tod Seines Sohnes kann Gott uns Vergebung anbieten (Apg 13,38; Eph 1,7).

Das Eingestehen von Sünde muß einem echten Verlangen nach Vergebung vorausgehen. So rief der Psalmist aus: »Denn ich kenne meine Übertretungen, und meine Sünde ist stets vor mir« (Ps 51,5). Er flehte um Reinigung und leugnete nichts von seinem Vergehen Gott gegenüber. Der verlorene Sohn sagte: »Ich will mich aufmachen und zu meinem Vater gehen und will zu ihm sagen: Vater, ich habe gesündigt gegen den Himmel und vor dir« (Lk 15,18). Unser Heiland erzählte eine Geschichte von zwei Männern, die beteten: Ein Mann wollte seine Augen nicht gen Himmel heben, sondern schlug sich an die Brust und sprach: »O Gott, sei mir, dem Sünder, gnädig!« Jesus erklärte diesen Mann für gerechtfertigt (Lk 18,13.14). Gottes Heiliger Geist wirkt in uns, um uns unsere Sünden vor Augen zu führen (Joh 16,8-11).

Gott ruft den Sünder zur Buße

»Ich bin nicht gekommen, Gerechte zu rufen, sondern Sünder zur Buße« (Lk 5,32). Die einfache Bedeutung dieses Wortes ist »Sinnesänderung«. In der Schrift bezeichnet es eine Sinnesänderung mit der Absicht, sich von der Sünde abzuwenden, um sich Gott zuzuwenden. Der Ruf im Alten Testament war »Kehret um zu mir« (Sach 1,3). Es ist nur Gottes Güte, die uns zur Buße leitet (Röm 2,4). Sünde soll nicht leicht genommen werden, sondern man soll darüber betrübt sein (2 Kor 7,9-11). Buße zeigt sich nicht in leeren Worten, sondern in einer echten Änderung (Mt 3,8; Lk 13,3.5; Apg 26,20). Die frühchristliche Predigt befahl den Menschen, Buße zu tun (Apg 2,38; 3,19; 17,30). Dadurch verdienen wir uns nicht den Zugang zu Gott, sondern geben unsere hoffnungslose Lage zu. Buße *und* Glaube an Jesus Christus bilden zusammen die richtige Haltung Gott gegenüber (Apg 20,21). Erlösung verdient man sich nicht durch Buße allein. Buße ist das Eingestehen der großen Schuld vor Gott und die Sehnsucht nach aufrichtiger Änderung (Jes 55,7).

Die Notwendigkeit, sich selbst zu prüfen

Wer jemals seinem Erlöser begegnen will, muß vorher eingesehen haben, daß er verloren ist (Lk 19,10). Die Ursache unserer Verlorenheit ist die Sünde, von welcher wir uns abwenden müssen, um uns Gott zuzuwenden.

Prüfliste

1. Waren Sie immer uneigennützig?
2. War nie Neid und Begierde in Ihrem Herzen?
3. Haben Sie immer alles Gute getan, wozu Sie Gelegenheit hatten?
4. Waren Sie immer gut zu Ihrem Nächsten und haben Sie sich um ihn gekümmert?
5. Haben Sie Gott immer von ganzem Herzen, aus ganzem Verständnis, aus ganzer Seele und aus ganzer Kraft geliebt?
6. Haben Sie Ihren Nächsten immer so geliebt wie sich selbst?
7. Waren Sie immer so vollkommen wie der Herr Christus?

Wenn Ihre Antwort auf irgendeine dieser Fragen »nein« lautet, so sagt die Bibel, daß Sie ein Sünder sind. Wer alle Gesetze hält, jedoch eines übertritt, ist an allen schuldig geworden (Jak 2,10). Eine Übertretung angesichts der absoluten Heiligkeit Gottes macht uns zum Sünder. Der Herr Jesus kam, um Sein Volk von seinen Sünden zu erlösen (Mt 1,21). Die Strafe und die Macht der Sünde ist furchtbar. Der Gedanke an einen zweiten Tod ist erschreckend. Der Psalmist schreibt: »Glücklich der, dessen Übertretung vergeben, dessen Sünde zugedeckt ist! Glücklich der Mensch, dem der Herr die Schuld nicht zurechnet und in dessen Geist kein Trug ist!« (Ps 32,1.2). Es ist gut für einen Menschen, der sich als Christ bezeichnet, aber in Sünde lebt, sich diese Frage zu stellen: »Wenn einer nicht von seinen Sünden errettet ist, wovon ist er dann errettet?«

Fragen zu Kapitel V

Das Problem der Sünde

Die folgenden Fragen sollen dazu helfen, das größte Problem des Menschen klarzustellen.

1. Schreiben Sie mit eigenen Worten eine Definition von »Sünde«, nachdem Sie Matthäus 5,28, Römer 3,23, Jakobus 4,17 und 1. Johannes 3,4 nachgeschlagen haben.

Geben Sie in eigenen Worten Jesaja 53,6 wieder.

2. Nach Jesaja 14,12-14 und Hesekiel 28,15-17 hatte die Sünde ihren Ursprung im Himmel. Grund dafür war
   a) Hochmut.
   b) mangelnde Urteilskraft.
   c) Mißverständnis.
   (Wählen Sie eine Antwort.)

3. Nach 1. Mose 2,17; 3,1-6 hatte die erste uns überlieferte Sünde, die auf Erden stattfand, ihre Ursache in
   a) Unglauben und Ungehorsam.
   b) Wollust und Unmoral.
   c) Zorn und Frustration.
   d) einem Mißverständnis.
   (Wählen Sie eine Antwort.)

4. Welche Haltung hat Gott der Sünde gegenüber (Hab 1,13)?

Welche Bezahlung verlangte Gott für Sünde im Alten Testament (Hes 18,20)?

Im Neuen Testament (Röm 6,23)?

5. In der Heiligen Schrift wird »Tod« in drei verschiedenen Bedeutungen gebraucht: a) der leibliche Tod (Trennung der Seele vom Leib); b) der geistliche Tod (Trennung des menschlichen Geistes von Gottes Geist); c) der zweite Tod (ewige Trennung des menschlichen Geistes von Gottes Geist – wenn der Mensch, der noch geistlich tot ist, leiblich stirbt).

Ordnen Sie folgende Bibelverse den drei verschiedenen Bedeutungen von »Tod« zu:
- leiblicher Tod   a) Epheser 2,1-3
- geistlicher Tod   b) Hebräer 9,27
- zweiter Tod   c) Offenbarung 20,11-15

6. Für wen starb Christus nach Römer 5,8? Es gibt zwei Arten von Sündern, wie sie in Lukas 18,10-14 geschildert sind: jene, die zugeben, daß sie Sünder sind, und jene, die ihre Sünde nicht eingestehen. Warum ist es so wichtig, einzusehen, daß Sie ein Sünder sind?

7. Buße bedeutet
   a) einen religiösen Ritus, den man an bestimmten Tagen beobachten kann.
   b) eine Sinnesänderung, die sich in einer Änderung im Handeln auswirkt.
   c) Gott sagen, daß es uns leid tut.
   d) glücklich sein über den schlechten Ausgang der Dinge.
   (Wählen Sie eine Antwort.)

8. Um Gottes Vergebung zu erhalten, müssen wir
   a) unsere Sünden eingestehen.
   b) eingestehen, daß wir verantwortlich sind für die Sünde.
   c) Gott um Reinigung bitten.
   d) gewillt sein, die Sünde zu lassen.
   e) alles oben Erwähnte tun.
   (Wählen Sie eine Antwort.)

9. *Was würden Sie sagen?* Wie und wann wurden Sie überzeugt, daß Sie ein Sünder sind und einen Retter brauchen?

10. Was sagen andere dazu?
    Nehmen Sie in dieser Woche mit mindestens drei Personen Kontakt auf und stellen Sie ihnen die folgenden Fragen. Sie könnten etwa so vorgehen:
    Ich mache eine Umfrage im Rahmen eines Bibelkurses hier in ...
    Würden Sie mir bitte helfen und mir Ihre Meinung zu drei wichtigen Fragen sagen?

    1. Was ist Ihrer Meinung nach Sünde?
    2. Finden Sie beim Lesen der Zeitung oder beim Fernsehen etwas, das uns zeigt, daß der Mensch ein Sünder ist?
    3. Was, denken Sie, würde ein gerechter Gott angesichts des Problems der Sünde tun?

    Herzlichen Dank für Ihre Mithilfe. Möchten Sie, daß ich Ihnen eine Kopie des Umfrageergebnisses zuschicke?
    Danke.
    Schreiben Sie Name und Adresse des Befragten auf die Karten, die Sie vom Kursleiter erhalten. Vermerken Sie die Antworten auf der Rückseite mit dem Hinweis, ob Kopien der Ergebnisse gewünscht werden. Geben Sie die Karten beim Kursleiter ab. Die Ergebnisse werden von ihm vervielfältigt und den interessierten Personen zugeschickt.

KAPITEL VI

Über die Ewigkeit

»Stirbt aber ein Mann, so ist er dahin, kommt ein Mensch um, wo ist er?« (Hi 14,10). Denkende Menschen, die sich der ständigen Flut von Begräbnissen und Todesanzeigen bewußt sind, merken, daß ihre Zeit auf Erden begrenzt ist. Sie nehmen sich auch Zeit, um nachzudenken, ob irgendeine Hoffnung besteht, über dieses kurze Erdenleben hinaus weiterzuexistieren. Andere versuchen, den Tod zu ignorieren und leben, als ob sie nie sterben müßten. Natürlich bleibt eine Tatsache bestehen, auch wenn ich sie ignoriere – ich vermeide lediglich den Schmerz, daran denken zu müssen. Irgendwann hat wohl schon jeder sich die Frage gestellt: »Was geschieht nach dem Tod?« und hat versucht, eine Antwort zu finden. Hier sind einige Theorien, die sich Menschen zurechtgelegt haben:

1. *Das Nichts:* Wir hören auf zu existieren. Man nennt dies zuweilen »Annihilation« (endgültige Vernichtung). »Wenn du tot bist, bist du tot.«

2. *Reinkarnation:* Man kommt in einer anderen Lebensform oder im Körper einer anderen Person wieder zur Erde zurück. Offensichtlich setzt dies irgendeine übernatürliche Macht voraus.

3. *Verbindung mit den Geistern:* Die Toten leben in einer geheimnisvollen Geisterwelt und suchen mit den noch auf der Erde Lebenden Kontakt aufzunehmen.

4. *Man kann es nicht wissen:* Unser Zustand nach dem Tod geht über das menschliche Wissen hinaus. Es ist fraglich, ob es Leben nach dem Tode gibt oder nicht. Wir können nur warten und dem Schicksal vertrauen oder uns auf unsere guten Taten verlassen, falls es ein Weiterleben geben sollte.

Keine dieser Theorien entspricht den Lehren der Bibel! Die Bibel zeigt uns, daß die Verstorbenen bei vollem Bewußtsein sind und an einem von zwei Orten sein können: In der Gegenwart Gottes

(2 Kor 5,8) in einem Zustand der Glückseligkeit (Offb 14,13), oder getrennt von Gott, an einem Ort großer Qual (Offb 20,10.15).

Auferstehung von den Toten

Beachte die Bedeutung des Wortes »auf-er-stehen«! Den Leugnern der Auferstehung antwortete der Herr Jesus damals mit dem Hinweis, daß der Name Gottes mit großen Männern, die schon lange verschieden waren, in Verbindung steht. »Er ist aber nicht Gott der Toten, sondern der Lebenden« (Lk 20,37.38). Die Verkündigung der Auferstehung war grundlegend für die Predigt der Apostel (Apg 1,22; 4,2; 17,18; 23,6). Der Apostel Paulus sagt in 1. Korinther 15,4-8, daß mehr als 500 Menschen Zeugen der Auferstehung Christi waren – und wenn diese nicht wahr sei, wäre ihr Glaube inhaltlos (1 Kor 15,12-17). Die erstaunlichste Tatsache der Schrift ist jedoch, daß es bei der Auferstehung zwei Gruppen geben wird, die voneinander getrennt werden.

»Und viele von denen, die im Staube der Erde schlafen, werden erwachen: diese zu ewigem Leben, und jene zur Schande, zur ewigen Abscheu« (Dan 12,2).

»... alle ... hervorkommen werden: die das Gute getan haben, zur Auferstehung des Lebens, die das Böse verübt haben, zur Auferstehung des Gerichts« (Joh 5,28.29). »Daß eine Auferstehung der Gerechten wie der Ungerechten sein wird« (Apg 24,15b).

Wenn wir an das Gericht Gottes denken, steht der Mensch vor zwei Möglichkeiten: Ewige Verdammnis ist die eine schreckliche Möglichkeit (Hebr 6,2; 9,27). Die andere ist ewiges Leben (Joh 3,16) und dadurch Befreiung von jenem Gericht zur Verdammnis (Röm 8,1; Joh 5,24).

Die Dauer der Ewigkeit

Es ist verwunderlich, daß Worte der Bibel wie »Ewigkeit«, »immerwährend«, »auf immer und ewig« von manchen als zeitlich begrenzt aufgefaßt werden. Aber manche bezogen sich auf die ursprünglichen Sprachen der Schrift und versuchten zu beweisen, daß diese Ausdrücke bloß eine sehr ausgedehnte oder unbestimmte Zeitspanne meinen. Doch der Gebrauch dieser Worte in der

Schrift macht klar, daß es keine Begrenzung der Dauer der Ewigkeit gibt, auch wenn sie vielleicht manchmal mit »bis in die Zeitalter der Zeitalter« übersetzt wird.

1. *Auf Gott bezogen:* Der ewige Gott (Röm 16,26), der ewige Geist (Hebr 9,14), seine ewige Herrlichkeit (1 Petr 5,10), ewige Macht (1 Tim 6,16), ewiges Reich (2 Petr 1,11).

2. *Auf die Zukunft des Gläubigen bezogen:* Ewige Erlösung (Hebr 9,12), ewiges Heil (Hebr 5,9), ewiges Leben (Joh 3,15.16.36; Lk 18,30).

3. *Auf die Zukunft des Ungläubigen bezogen:* Ewiges Feuer (Mt 18,8), ewige Pein (Mt 25,46), ewiges Verderben (2 Thess 1,9), ewiges Feuer (Judas 7).

Wir können dieselben Vergleiche mit dem Ausdruck »von Ewigkeit zu Ewigkeit« anstellen: Dieser Ausdruck wird verwendet für Gott und Seinen Thron (Offb 4,9.10; 10,6; 15,7), für die zukünftige Regierung der Gläubigen mit dem Herrn (Offb 22,5), für die ewige Qual (Offb 14,11; 20,10).

Von manchen Wörtern wie »zunichte machen«, »verzehren«, »umkommen«, »Verderben« hat man angenommen, daß sie völlige Auflösung (»Annihilation«) bedeuten. Es ist jedoch offensichtlich, daß der Teufel zwar »zunichte gemacht« (Hebr 2,14), aber nicht ausgelöscht wurde (Offb 20,10). Gläubige können durch das Gerede anderer zwar »verzehrt«, aber nicht ausgelöscht werden (Gal 5,15). Der verlorene Sohn meinte, er »komme um«, jedoch hörte er nicht auf, als Person zu existieren (Lk 15,17). Das Los der Ungeretteten ist ewiges Verderben (2 Thes 1,9). Aus der Tatsache, daß das Verderben ewig dauert, geht hervor, daß es nicht das Ende der Existenz bedeutet. Es bedeutet den Verlust des Wohlseins (Glück und Freude), aber nicht den Verlust des Seins (Existenz).

Der Zustand der Verlorenen

1. *Wie er von dem Herrn beschrieben wird:* Der Herr Jesus erzählte eine Geschichte von dem reichen Mann und dem armen Lazarus (Lk 16,19-31). Manche nennen diese Geschich-

te ein Gleichnis, obwohl sie in der Bibel nicht so bezeichnet wird. Jedoch selbst wenn sie ein Gleichnis wäre, würde die bildliche Sprache die in unserer Geschichte gelehrte Wahrheit nicht abschwächen. Unser Herr wollte uns mit dieser Geschichte etwas Wichtiges lehren, und wir tun gut daran, darüber nachzudenken.
a) Es gab kein Ende der Existenz nach dem Tod.
b) Es gab keine Bewußtlosigkeit und keinen Seelenschlaf.
c) Es gab keine Errettung aller Menschen.
d) Es wurde keine zweite Chance angeboten.
e) Es gab keine Reinkarnation oder ein Zurückkommen zur Erde.
f) Es gab kein Ende der Qual und keine Hoffnung auf eine Veränderung seines Zustandes für den Ungeretteten.
g) Es war kein Ort der Läuterung – sondern der ewigen Bestrafung.

2. *Der Herr Jesus lehrt weiter darüber:* Diese folgenden schrecklichen Beschreibungen stammen von dem, der uns mit der größtmöglichen Liebe geliebt, sich selbst für uns hingegeben hat. Er beschreibt einfach die Wahrheit darüber, was diejenigen erwartet, die diese Welt verlassen und Ihn vernachlässigt oder abgewiesen haben:
a) unauslöschliches Feuer (Mt 3,12; 18,8; Mk 9,48).
b) ewige Qual (Offb 14,11).
c) äußerste Finsternis (Mt 22,13; 25,30).
d) Heulen und Zähneklappern (Mt 13,42.50; 24,51; Lk 13,28).
e) der Feuersee (Offb 20,15).

Einwände gegen die Lehre von der ewigen Verdammnis

Es gibt etliche Einwände gegen diese unpopuläre Lehre:

1. *Sie ist unvereinbar mit der Liebe Gottes.* »So wahr ich lebe, spricht der Herr Jahwe, ich habe keinen Gefallen am Tode des Gesetzlosen, sondern möchte, daß der Gesetzlose von seinem Wege umkehre und lebe! Kehret um, kehret um von euren bösen Wegen; warum wollt ihr sterben?« (Hes 33,11). Der Herr Jesus weinte über eine Stadt, die Ihn abgewiesen hatte (Lk 19.41). Er ist wahrhaftig ein liebender Gott, aber Er kann

gerechterweise die Schuldigen nicht freisprechen, wenn sie seine Errettung abweisen (4 Mo 14,18).

2. *Der Appell an die Furcht ist kein gutes Motiv.* Freilich ist die Liebe zu Gott und das Verlangen nach dem Guten ein besseres Motiv, und doch ist Furcht vor ernsten Folgen sogar im alltäglichen Leben ein Schutz gegen Fehlverhalten und Gesetzesübertretung. In Matthäus 10,28 ermahnt uns der Herr Jesus klar, Gott und Sein kommendes Gericht zu fürchten. Die Furcht Gottes ist der Beginn der Weisheit (Spr 9,10). Die ganze Schrift hindurch wird der Mensch ermahnt, Gott zu fürchten (1 Petr 2,17; Offb 14,7; 15,4).

3. *Es ist ungerecht von Gott, so streng zu sein.* Die Menschen, denen von einem liebenden Gott ein Ausweg angeboten wurde und die mit Ablehnung, Ausflüchten oder ständigem Hinauszögern reagiert haben, dürften nicht überrascht sein, wenn ihnen von einer zürnenden Heiligkeit angemessene Gerechtigkeit zuteil wird. »Irret euch nicht, Gott läßt sich nicht spotten! Denn was ein Mensch sät, das wird er auch ernten« (Gal 6,7). Das Beleidigen der unendlichen Liebe und Geduld eines unendlichen Gottes verlangt unendliche Vergeltung.

Der Zustand der Erlösten

Der endgültige Zustand der Gerechten steht in lebhaftem Gegensatz zu dem der Verlorenen. »Vor dir ist Freude die Fülle und Wonne zu deiner Rechten ewiglich« (Ps 16,11). »Glückselig sind die Toten, die von jetzt an dem Herrn sterben« (Offb 14,13). Den Gläubigen erwartet »eine Stadt, die Grundlagen hat, deren Baumeister und Schöpfer Gott ist« (Hebr 11,10). Dieser Ort ist schöner und besser als alles, was der Mensch sich vorstellen kann. Der ewige Zustand und das ewige Zuhause des Gläubigen wird noch folgendermaßen beschrieben:

1. *Es ist bei Christus.* »Ich gehe hin, euch eine Stätte zu bereiten ... damit auch ihr seid, was ich bin« (Joh 14,2.3; vgl. 17,24). »Ausheimisch« vom Leib zu sein bedeutet »einheimisch beim Herrn sein« (2 Kor 5,8).

2. *Es ist in einem verwandelten Leib.* Er wird sein wie Sein Leib (Phil 3,21) und daher unverweslich (1 Kor 15,35-44). Wir werden erkennbar sein, wie auch der Herr erkannt wurde (Mt 28,9.17; Lk 24,31.39.40). Die Auferstehung des Leibes für jene, die in Christus sind, wird beim zweiten Kommen Christi stattfinden (1 Thes 4,15-17).

3. *Es ist ein Ort des »Nicht mehr«.* Der Tod wird nicht mehr sein, noch Trauer und Geschrei, noch Schmerz, noch irgend etwas, was das Leben schwer und traurig macht (Offb 21,4).

4. *Es ist ein Ort von unbeschreiblicher Schönheit.* »Und die Stadt war aus reinem Gold, gleich reinem Glas« (Offb 21,18-21). Sie ist geschmückt mit allerlei Arten von Edelsteinen.

5. *Es ist ein Ort, in den nichts Unheiliges oder Unreines eingeht* (Offb 21,27).

Der Wohnort der Erlösten wird manchmal das »Neue Jerusalem« genannt. Wir sagen dazu Himmel. Vor der Zeit des Herrn Jesus auf der Erde sagte der gläubige Jude »Paradies« oder »Abrahams Schoß«. Aber wie immer wir auch diesen Ort nennen mögen, jeder Gläubige sollte sich danach sehnen. Wie Paulus sagte: »Und sterben ist Gewinn« (Phil 1,21). Wie wunderbar war es, als der Herr Jesus zu dem Schächer am Kreuz, der sich bekehrte, sagte: »Heute wirst du mit mir im Paradies sein« (Lk 23,43). Werden Sie dort mit Ihm sein?

Fragen zu Kapitel VI

Über die Ewigkeit

»Wenn ein Mensch stirbt, wird er weiterleben?« Diese Frage, schon in der Antike gestellt, ist heute noch von großer Bedeutung. Was geschieht nach dem Tod?

1. Die Bibel zeigt, daß die Verstorbenen sich an einem von zwei verschiedenen Orten aufhalten. Welche sind es? (2 Kor 5,8; Offb 20,10.15).

2. Die Bibel sagt auch, daß alle, die sterben, von den Toten auferweckt werden. Beschreiben Sie die zwei möglichen Schicksale des Menschen (Dan 12,2; Joh 5,28-29; Apg 24,15b).

3. Geben Sie mit eigenen Worten folgende Bibelstellen wieder: Johannes 3,16; 2. Thessalonicher 1,8-9.

4. Wie lange dauert die Ewigkeit? Können Sie sich dazu eine Illustration zum besseren Verständnis vorstellen?

5. Der Herr Jesus erzählte von einem Mann, der in den Hades kam (Lk 16,19-31). Welche der folgenden Feststellungen ist demnach richtig?
   a) Der Mensch hört einfach auf zu existieren, wenn er stirbt.
   b) Der Verstorbene erlebt einen Zustand der Bewußtlosigkeit oder eine Art »Seelenschlaf«.
   c) Die Hölle ist ein Ort der bewußten, nie endenden Qual.
   d) Alle Menschen werden gerettet.
   e) Es wird dem Menschen, wenn er in der Hölle ist, eine zweite Möglichkeit gegeben, sich zu entscheiden.
   (Wählen Sie eine Antwort).

6. Welche der folgenden Feststellungen gebrauchte der Herr Jesus *nicht*, um die Hölle zu beschreiben?
   a) Unauslöschliches Feuer
   b) Ewige Qual
   c) Äußerste Finsternis
   d) Heulen und Zähneklappern
   e) Ein Ort zeitlich begrenzter Läuterung
   f) Feuersee
   (Wählen Sie eine Antwort.)

7. Wie würden Sie auf folgende Einwände antworten?
   a) Die Lehre von der Hölle ist mit der Liebe Gottes unvereinbar.

   b) Diese Lehre appelliert an die Angst des Menschen.

   c) Es ist ungerecht von Gott, so streng zu sein.

8. Die Bibel beschreibt die Zukunft der Gläubigen im Himmel folgendermaßen:
   a) Für ewig bei Christus sein
   b) Leben in einem verwandelten Leib
   c) Frei sein von Sorge und Leid
   d) Leben an einem Ort, wo nichts Unheiliges eingeht
   e) Alle oben erwähnten Feststellungen sind richtig
   f) a und c sind richtig
   (Wählen Sie eine Antwort.)

9. *Was würden Sie sagen?* Sind Sie in Ihrer eigenen geistlichen Erfahrung jemals dahin gekommen, daß Sie mit Bestimmtheit wußten, daß Sie in den Himmel kommen, falls Sie in der heutigen Nacht sterben sollten? Erklären Sie!

10. Was sagen andere dazu?
Nehmen Sie in dieser Woche mit mindestens drei Personen Kontakt auf und stellen Sie ihnen die folgenden Fragen. Sie könnten etwa so vorgehen:
Ich mache eine Umfrage im Rahmen eines Bibelkurses hier in ...
Würden Sie mir bitte helfen und mir Ihre Meinung zu drei wichtigen Fragen sagen?
1. Was geschieht Ihrer Meinung nach mit einem Menschen, wenn er stirbt?
2. Was bedeuten die Ausdrücke »Himmel« und »Hölle« für Sie?
3. Wenn Sie eine Frage über das Leben nach dem Tod stellen könnten und eine absolut verläßliche Antwort bekämen – was würden Sie fragen?

Herzlichen Dank für Ihre Mithilfe. Möchten Sie, daß ich Ihnen eine Kopie des Umfrageergebnisses zuschicke?
Danke.
Schreiben Sie Name und Adresse des Befragten auf die Karten, die Sie vom Kursleiter erhalten. Vermerken Sie die Antworten auf der Rückseite mit dem Hinweis, ob Kopien der Ergebnisse gewünscht werden. Geben Sie die Karten beim Kursleiter ab. Die Ergebnisse werden von ihm vervielfältigt und den interessierten Personen zugeschickt.

KAPITEL VII

Jesus, der Messias: Gottes Erlösungsplan

»Ich weiß, daß der Messias kommt, der Christus genannt wird«, sagte die Frau am Jakobsbrunnen. Jesus spricht zu ihr: »Ich bin's, der mit dir redet!« (Joh 4,25.26). Kurz vorher sagte ein galiläischer Fischer zu seinem Bruder: »Wir haben den Messias gefunden – was verdolmetscht ist: Christus« (Joh 1,41). Er ist der Eine, der eine »ewige Gerechtigkeit« einführen wollte (Dan 9,24), indem Er sein ewiges Königreich aufrichten sollte. Jesus von Nazareth wurde vor fast 2000 Jahren geboren, und Seine Geburt ist nun der Ausgangspunkt der menschlichen Zeitrechnung. Er wurde als der im Alten Testament verheißene Gesalbte erkannt. Er kam als:

1. der versprochene König und Befreier des jüdischen Volkes (2 Sam 7,12.13)

2. der von Gott Gesandte, um der Heiland der Welt zu sein (Lk 2,11; Joh 4,42)

3. »Gott mit uns« (Emmanuel oder Immanuel), ein göttlicher Erretter (Mt 1,23; Jes 7,14).

Prophezeiungen über Jesus Christus

Die Bedeutung von Jesus Christus (Jesus, dem Messias) kann, was Sein Leben und Seinen Einfluß auf die Menschheitsgeschichte betrifft, nicht bestritten werden. Er ist ohne seinesgleichen. Die Bedeutung von Jesus Christus wird bestätigt durch viele Stellen aus dem Alten Testament, die lange vor Seiner Geburt geschrieben wurden. Daß wirklich der Herr Jesus gemeint ist, sehen wir, wenn wir die einzelnen Prophezeiungen nehmen und mit den Einzelheiten Seines Lebens vergleichen. Es gibt über 200 Prophezeiungen, hier sind nur einige davon:

1. Der Same der Frau (1 Mo 3,15; Gal 4,4).
2. Geburt in Bethlehem (Mi 5,1; Mt 2,1.4-6).
3. Seine Geburt aus der Jungfrau (Jes 7,14; Mt 1,18. 23-25).
4. Sein Vorläufer (Jes 40,3; Mt 3,1-3).
5. Sein Einzug in Jerusalem (Sach 9,9; Lk 19,35-38).
6. Seine Verwerfung (Jes 53,3; Ps 69,9; Joh 7,5; 19,15).
7. Sein Verrat (Sach 11,12; Mt 10,4; 26,14.15).
8. Geschlagen, angespien (Jes 50,6; Mt 26,67).
9. Leiden für die Sünden anderer (Jes 53,5; 1 Petr 2,24; 3,18).
10. Ans Kreuz genagelt (Ps 22,15-17; Sach 12,10; Joh 19,34.37).
11. Sein Gebet für die Feinde (Jes 53,9.12; Lk 23,34).
12. Gekreuzigt mit Verbrechern (Jes 53,9.12; Mt 27,38).
13. Im Grab eines Reichen begraben (Jes 53,9; Mt 27, 57-60).
14. Von den Toten auferstanden (Ps 16,9-11; Lk 24,46; Apg 13,33-35).

Dieselbe Heilige Schrift prophezeit auch Seine Wiederkunft (Ps 50,3-6; Dan 7,13; Sach 12,10; 14,4 und viele neutestamentliche Stellen). Sie sagt Seine Regierung über die ganze Welt voraus (1 Chr 17,11-14; Jes 9,6.7; Dan 7,14; Ps 2,6-9; 45,7-8; 72,8; 110,1-3).

Die Ämter Jesu Christi

Der Herr Jesus Christus vereint in sich einzigartigerweise die drei großen Ämter, die Gott verleiht.

1. *Er ist ein Prophet.* Er ist der größte von allen (Mk 6,4; Apg 3,22). Er war der, von dem Mose gesprochen hatte (5 Mo 18,15-19).

2. *Er ist der große Hohepriester.* Er vertritt die Seinen vor Gott und betet für sie (Hebr 4,14-16; 7,25). Von Ihm war schon in 1. Samuel 2,35 die Rede.

3. *Er ist ein König – der König aller Könige* (Offb 19,16). Er kam zuerst als der König der Juden (Joh 19,19). Heute ist Er der König in den Herzen der Seinen. Es wird einen Tag geben, an dem alle Menschen Ihn anerkennen werden (Phil 2,9.10).

Die göttliche Identität Jesu Christi

Die Bibel sagt, daß Jesus Christus »Gott geoffenbart im Fleisch« war (1 Tim 3,16). Er ist das Bild des unsichtbaren Gottes (Kol 1,15). Wie wunderbar, daß der lebendige Gott Fleisch geworden ist (Joh 1,1.14). Und wie traurig, daß »er in der Welt war und die Welt durch ihn wurde und die Welt ihn nicht erkannte« (Joh 1,10). Es war notwendig, daß Gott uns errettete. Nur Er hatte die Macht dazu. »Ich, ich bin Jahwe, und außer mir ist kein Heiland« (Jes 43,11). Er kam als Jesus von Nazareth, um unser »großer Gott und Heiland« zu sein (Tit 2,13). Maria sagte: »Und mein Geist hat frohlockt in Gott, meinem Heiland« (Lk 1,47). Der Knabe, der aus ihr geboren werden sollte, war der Heiland und ihr Gott. Es gibt viele Bibelstellen, die zeigen, daß der Herr Jesus Gott ist.

1. *Er wird direkt Gott genannt* (Joh 1,1.14; 20,28; Röm 9,5; 2 Petr 1,1; 1 Joh 5,20). Der Vater spricht den Sohn als Gott an (Hebr 1,8).

2. *Er wird Sohn Gottes genannt.* Jesu Zuhörer verstanden ganz eindeutig seinen Anspruch, Gott zu sein (Joh 10,33-36). Die Bezeichnung »Sohn Gottes« wird auch in einer anderen Bedeutung verwendet, aber er ist der einzigartige (eingeborene) Sohn Gottes (Joh 1,14.18).

3. *Die ganze Fülle der Gottheit wohnt in ihm* (Kol 1,19; 2,9). Er ist nicht geringer als Gott.

4. *Er trägt die großen Namen Gottes.* Er wird das Alpha und Omega genannt, der Erste und der Letzte, der Anfang und das Ende (Offb 22,13 1,8.17; Jes 44,6). Er ist auch der »Ich bin« (Joh 8,24.58; 2 Mo 3,14). Wenn der Herr Jesus sich selbst »Ich bin« nennt, erklärt er damit seine Gottheit.

5. *Er wird als Gott angebetet* (Mt 14,33; Joh 20,28; Phil 2,10; Hebr 1,6; Jes 45,23). Anbetung gebührt ausschließlich Gott (Mt 4,10; Offb 22,8.9).

6. *Er soll wie Gott geehrt werden* (Joh 5,23). Gott gibt Seine Ehre keinem anderen (Jes 42,8).

7. *Er hat die göttlichen Ämter.* Er ist der Schöpfer (Kol 1,16.17; Hebr 1,2.10). Er ist der Richter aller Menschen (Joh 5,22). Er vergibt Sünde (Mt 9,2-6), was nur Gott vermag (Jes 43,13.25).

8. *Er hat das Leben in sich selbst* (Joh 5,26). Er gibt anderen das Leben, aber Er besteht aus sich selbst heraus.

9. *Er hat alle göttlichen Eigenschaften.* Er ist unveränderlich (Hebr 13,8). Er ist allmächtig (Offb 1,8). Er ist allgegenwärtig (Mt 28,20), allwissend (Joh 21,17), ewig (Mi 5,1; Jes 9,6) und hat alle anderen göttlichen Eigenschaften.

10. *Er tat die Werke Gottes.* Er gebot den Elementen, Ihm zu gehorchen (Mt 8,26,27; Mk 4,39-41). Er schuf Speise für die Menge (Mt 14,19-21; 15,36-38). Er erweckte Tote auf (Joh 11,32-44; Lk 7,12-16).

Menschliche Identität Jesu Christi

Obwohl er ganz Gott war, war er auch »der Mensch Christus Jesus« (1 Tim 2,5). Der Herr Jesus nannte sich selbst oft den Menschensohn. Er nahm Menschengestalt an, um uns in allem außer der Sünde gleich zu werden. Er hatte Gefühle wie wir, Ihn hungerte, dürstete, Er litt, weinte und war müde. Er erfuhr die Versuchung durch den Teufel (Mt 4,1-11). Er litt, blutete, starb, wurde begraben und ist wieder von den Toten auferstanden. Er war anders als gewöhnliche Menschen und doch vollkommen Mensch.

1. *Er hatte menschliche Eltern,* die aus dem Geschlechte Davids stammten, und wir können seinen Stammbaum bis Adam zurückverfolgen (Lk 3,23-38), aber er wurde von einer Jungfrau geboren durch Empfängnis vom Heiligen Geist (Mt 1,18-23).

2. *Er hatte einen normalen Leib,* der äußerlich dem anderer Menschen glich (Röm 8,3; Joh 4,9). Er wuchs auf und wurde ein Mann wie jeder andere (Lk 2,40.52), aber sein Leben war unbefleckt von der Sünde (Hebr 4,15).

3. *Sein Wesen bestand wie das aller Menschen aus einer Dreiheit von Leib* (Hebr 10,5), *Seele* (Mt 26,38) *und Geist* (Lk 23,46),

aber er wies ein einzigartiges Gottesbewußtsein auf und hatte innige Gemeinschaft mit dem Vater wie kein anderer Mensch. Viele Seiner Äußerungen können nur von Seinem Menschsein her verstanden werden: Sein Schrei am Kreuz (Mt 27,46) und Sein Tod selber.

Die wichtigste Frage, die Jesus an Menschen richtete, war: »Ihr aber, wer sagt ihr, daß ich sei?« (Mt 15,15). Er sagte auch, daß sie in ihren Sünden sterben würden, wenn sie nicht in der richtigen Weise an Ihn glauben würden (Joh 8,24). Was sagen Sie, wer der Herr ist?

Fragen zu Kapitel VII

Jesus, der Messias: Gottes Erlösungsplan

Der Herr Jesus fragte:»Wer sagt ihr, daß ich sei?« Es ist von äußerster Wichtigkeit, daß die Menschen Ihn und seine Identität völlig anerkennen. Testen Sie sich selbst.

1. Auf wen wartete die Samariterin, um die Wahrheit über Gott geoffenbart zu bekommen (Joh 4,25)?

   Wie antwortete der Herr Jesus auf ihre Aussage (Joh 4,26)?

2. Der kommende Messias (auf griechisch übersetzt »Christus«) wurde Hunderte von Jahren vorher in den Schriften des AT vorhergesagt. Ordnen Sie die Bibelverse (rechts) den Prophezeiungen zu!

   – Geburt in Bethlehem
   – Seine Jungfrauengeburt
   – Sein Vorläufer
   – Sein Einzug in Jerusalem
   – Sein Verratenwerden
   – Leiden für die Sünden anderer
   – Am Kreuz durchbohrt
   – Gekreuzigt mit Verbrechern
   – Im Grab eines Reichen begraben
   – Von den Toten auferstanden

   a) Jesaja 7,14; Matthäus 1,18.23-25
   b) Jesaja 40,3; Matthäus 3,1-3
   c) Jesaja 53,5; 1. Petrus 2,24; 3,18
   d) Jesaja 53,9.12; Matthäus 27,38
   e) Jesaja 53,9; Matthäus 27,57-60
   f) Micha 5,1; Matthäus 2,1.4-6
   g) Psalm 16,9-11; Lukas 24,46; Apostelgeschichte 13,33-35
   h) Psalm 22,17; Sacharja 12,10; Johannes 19,34.37
   i) Sacharja 9,9; Lukas 19,35-38
   j) Sacharja 11,12; Matthäus 10,4; 26,14.15

3. Welches sind die drei großen Ämter des Messias (Christus)?

a) 5. Mose 18,15-19; Markus 6,4

b) 1. Samuel 2,35; Hebräer 4,14-16; 7,26

c) Offenbarung 19,16; Johannes 19,19; Philipper 2,9.10

4. In welcher Hinsicht war Jesus, während Er auf Erden lebte, wie jeder andere Mensch?

Wie hilft Ihnen diese Tatsache, zu verstehen, daß Jesus gewöhnliche menschliche Gefühle hatte?

In welcher Hinsicht war Jesus, während Er auf Erden lebte, anders als andere Menschen (wie in folgenden Bibelstellen beschrieben)?

Matthäus 1,23

Johannes 8,46

Johannes 7,46

Markus 4,37-41

Lukas 7,22

5. Welche göttlichen Eigenschaften werden Jesus Christus in folgenden Bibelversen zugeschrieben?

Matthäus 28,20

Markus 2,5-7

Jesaja 9,6

Hebräer 13,8

Offenbarung 1,8

6. a) Gott der Vater redet den Herrn Jesus als Gott an (Hebr 1,8).
(richtig / falsch)
b) Jesus erlaubte den Menschen nicht, Ihn anzubeten (Mt 14,33; Joh 20,28.29).
(richtig / falsch)
c) Der Herr Jesus erhob nie den Anspruch, Gott zu sein (Joh 8,58; 10,30).
(richtig / falsch)

7. Als der Herr Jesus auf Erden geboren wurde
   a) hörte Er auf, Gott zu sein.
   b) vereinigte Er in Seiner eigenen Person sowohl Gottheit als auch Menschsein.
   c) war Sein wirklicher Vater Josef, gerade so wie Seine wirkliche Mutter Maria war.
   (Wählen Sie eine Antwort.)

8. Geben Sie mit eigenen Worten Johannes 1,1-3.14 wieder.

9. *Was würden Sie sagen?* In Philipper 2,9-11 lesen wir, daß eine Zeit kommen wird, wo sich alle Knie vor Jesus Christus beugen werden. Wie und wann werden Sie das in Ihrem Leben tun?

10. Was sagen andere dazu?
    Nehmen Sie in dieser Woche mit mindestens drei Personen Kontakt auf und stellen Sie ihnen die folgenden Fragen. Sie könnten etwa so vorgehen:
    Ich mache eine Umfrage im Rahmen eines Bibelkurses hier in ...
    Würden Sie mir bitte helfen und mir Ihre Meinung zu drei wichtigen Fragen sagen?
    1. Wer ist Jesus Christus?
    2. Die Bibel lehrt, daß Gott Mensch wurde. Wenn Sie Gelegenheit hätten, Ihn kennenzulernen, wie würden Sie Ihn sich vorstellen? Was würden Sie von Ihm erwarten?
    3. Bedeuten die Ausdrücke »Sohn Gottes« und »Gott, der Sohn« für Sie das gleiche? Bitte erklären Sie es.

    Herzlichen Dank für Ihre Mithilfe. Möchten Sie, daß ich Ihnen eine Kopie des Umfrageergebnisses zuschicke? Danke.
    Schreiben Sie Name und Adresse des Befragten auf die Karten, die Sie vom Kursleiter erhalten. Vermerken Sie die Antworten auf der Rückseite mit dem Hinweis, ob Kopien der Ergebnisse gewünscht werden. Geben Sie die Karten beim Kursleiter ab. Die Ergebnisse werden von ihm vervielfältigt und den interessierten Personen zugeschickt.

KAPITEL VIII

Das Kreuz Jesu

Das Kreuz ist das große Symbol für den christlichen Glauben. Es war ein Kreuz, an dem unser Erretter starb. Gott hat verordnet, das Kreuz zu predigen (1 Kor 1,17.18). Millionen wurde gelehrt, daß Christus am Kreuz für unsere Sünde starb. Aber was bedeutet das? Warum war es notwendig? Was hat der Kreuzestod ausgerichtet? Oft bringen diese Fragen solche, die sich zum Christentum bekennen, in große Verwirrung.

Die Notwendigkeit des Kreuzes

Warum war Christi Tod am Kreuz notwendig? Überlegen Sie folgendes:

1. *Gott ist gerecht und heilig* (1 Petr 1,16; Jes 6,2-3). Nichts Unreines kann in Seine Gegenwart kommen (Offb 21,27).

2. *Sünde muß gerichtet werden* (Röm 2,3.12). Er kann auf keinen Fall die Schuldigen lossprechen (2 Mo 34,7; Hi 10,14). Die ganze Menschheit ist schuldig vor Gott (Röm 3,19). Sünde erfordert die Todesstrafe (Röm 6,23).
Die Strafe muß bezahlt werden. Das Problem für Gott war, wie Er vollkommen gerecht und doch in der Lage sein konnte, den Sünder zu rechtfertigen (Röm 3,26). Wie konnten die Gerechtigkeit und Wahrheit Gottes mit Seiner Barmherzigkeit in Einklang gebracht werden?

Das Prinzip der Stellvertretung

Wenn eine Person oder eine Sache den Platz einer anderen Person oder Sache einnimmt, nennt man das Stellvertretung. Das stellvertretende Opfer von Tieren für den Sünder war bezeichnend für die Annäherung an Gott im Alten Testament. Das Passahlamm wurde zum Schutz vor dem Gericht Gottes geopfert (2 Mo 12,3-17). Millionen solcher Opfer wurden Gott dargebracht, gemäß

Seinem Gebot. Solche dargebrachten Opfer bewirkten das, was man »Sühnung« nannte (3 Mo 5,10). Das bedeutet, daß die Sünde »bedeckt« wurde durch den Tod des unschuldigen Opfertieres. Es ist wichtig zu erwähnen, daß Johannes der Täufer den Herrn Jesus öffentlich als das »Lamm Gottes, das die Sünde der Welt wegnimmt« begrüßt hat (Joh 1,29). Er sah in Jesus das wahre Opfer, auf welches alle vorangegangenen Opfer hingedeutet haben. Er war der einzige wahre und endgültige Stellvertreter. Die Propheten sagten klar voraus, daß der kommende Messias von Gott um der Sünden anderer willen geschlagen und so all ihre Strafe tragen würde (Jes 53,4-6). Es ist das Herz der christlichen Verkündigung, daß »Christus für unsere Sünden gestorben ist nach den Schriften« (1 Kor 15,3). Die Bibelstellen, welche diesen stellvertretenden Tod lehren, sollten sorgfältig studiert werden (Röm 5,6-8; 1 Petr 2,24; 3,18). Der Retter nahm den Platz des Sünders ein. Der Gerechte nahm den Platz des Ungerechten ein. Der Unschuldige nahm den Platz des Schuldigen ein. Der Tod Jesu war nicht nur ein moralisches Beispiel. Unsere Übertretungen machten ihn erforderlich (Röm 4,25). Er war gemäß dem Ratschluß Gottes (Apg 2,23). Er war das willige Opfer, und niemand nahm Sein Leben von Ihm (Joh 10,17.18). Er gab sich selbst für uns (Gal 1,4). Er wurde für uns zur Sünde gemacht (2 Kor 5,21). Er wurde für uns zum Fluch gemacht (Gal 3,13). So erkaufte oder erlöste der Herr Jesus uns (1 Petr 1,18.19; Mt 20,28). Er machte Frieden durch das Blut Seines Kreuzes (Kol 1,20). Der Sünder wurde gerechtfertigt, d. h. für gerecht erklärt und wurde mit Gott versöhnt durch den Tod des Herrn Jesus (Röm 5,9.10).

Die Vollkommenheit des Opfers

Opfer ist ein Wort, das wiederholt in der Bibel verwendet wird und gehört zum Kern der christlichen Botschaft. Der Opfertod des Herrn Jesus kann auf verschiedene Weise betrachtet werden; als

1. *Blutopfer* (Hebr 9,22). Ohne Blutvergießen geschieht keine Vergebung der Sünden.

2. *Menschliches Opfer* (Hebr 9,12-14; 10,4). Nur ein Mensch kann an Stelle eines anderen Menschen sterben, um Gottes Gerechtigkeit Genüge zu tun.

3. *Sündloses Opfer* (Hebr 4,15; 1 Petr 1,19; Joh 8,29.46). Nur der, der ohne Sünde ist, kann für die Sünden eines anderen sterben.

4. *Göttliches Opfer* (Hebr 1,1-3; Kol 2,8.9; 2 Kor 5,19). Er reinigte uns von den Sünden. Niemand außer Gott kann das tun (Jes 43,25).

5. *Opfer aus Liebe* (Eph 5,25; Offb 1,5). Das Kreuz ist der äußerste Beweis der Liebe Gottes für den sündigen Menschen.

6. *Ausreichendes Opfer* (1 Jo 2,2; Hebr 10,14). Er hat jeglichem Anspruch auf vollkommene Gerechtigkeit völlig und endgültig Genüge getan.

Das vollbrachte Werk

Der Herr Jesus sagte zum Vater: »Das Werk habe ich vollbracht, das du mir gegeben hast, daß ich es tun sollte« (Joh 17,4). Sein letzter triumphierender Ausruf am Kreuz war: »Es ist vollbracht!« (Joh 19,30). Was ist das für ein großes Werk, für das Er gekommen ist, um es zu vollbringen? »Denn der Menschensohn ist gekommen, zu suchen und zu erretten, was verloren ist« (Lk 19,10). »... daß der Vater den Sohn gesandt hat als Heiland der Welt« (1 Jo 4,14). Seine Aufgabe war, »sein Volk von ihren Sünden zu erretten« (Mt 1,21). Beachten Sie, wie vollkommen Er das Werk vollbracht hat:

1. Er erfüllte alle Forderungen des Gesetzes gegen uns (Röm 8,3.4).

2. Er rechtfertigte uns von allen Dingen, von welchen wir nach dem Gesetz Mose nicht gerechtfertigt hätten werden können (Apg 13,38.39).

3. Er befreite uns von aller Verdammnis (Röm 8,1).

4. Seiner eigenen Gerechtigkeit und Heiligkeit war Genüge getan (Ps 85,11).

5. Sein Werk reicht aus, um alle Sünder zu retten (Joh 1,29; 12,32;

1 Jo 2,2). Aber Er kann sie nicht retten, es sei denn, sie kommen zu Ihm (Mt 23,37).

6. Er »hat *ein* Schlachtopfer für Sünden dargebracht« (Hebr 10,12). Niemand sollte es wagen, auch nur das Geringste zu Seinem vollbrachten Werk am Kreuz von Golgatha hinzufügen zu wollen. Es ist das einzige und ausreichende Fundament für das Hinwegtun unserer Sünden.

Der Beweis der Annahme

Die übereinstimmende Verkündigung der frühen Gemeinde war, daß Gott Jesus von den Toten auferweckt hat. Auf dieser Grundlage wurden Menschen zum Glauben an Ihn aufgerufen (Apg 2,24.32; 3,15.26; 10,40).

1. Er ist auferstanden nach den Schriften (1 Kor 15,4). Er erfüllte dadurch eine 1000 Jahre alte Prophezeiung (Ps 16,10; Apg 13,35-37).

2. Er ist auferstanden nach Seinen eigenen Worten (Mt 12,39.40; 16,21; Lk 18,31-33). Er sagte den genauen Tag Seiner Auferstehung voraus (Mt 27,63).

3. Er ist auferstanden trotz der Bewachung Seines Grabes durch eine römische Wache. Jede Vorkehrung zur Verhinderung einer eventuell vorgetäuschten Auferstehung war getroffen worden (Mt 27,63-66). Er wurde von vielen Zeugen gesehen (1 Kor 15,5-8).

4. Er ist auferstanden durch die Kraft Gottes und hat überzeugend bewiesen, daß alles, was Er sagte und tat, von Gott vollkommen angenommen wurde (Röm 1,3.4; Eph 1,19.20).

5. Er ist auferstanden, weil Seine Auferstehung für unsere Rechtfertigung notwendig war (Röm 4,25). Die Größe Seines Werkes ändert nichts an der Notwendigkeit einer Reaktion des Menschen auf Sein Werk. Die Menschen werden nicht automatisch oder universell gerettet. Sie müssen auf Jesus Christus und auf Seine Forderungen reagieren (Joh 3,18; Apg 3,19).

Fragen zu Kapitel VIII

Das Kreuz Jesu

Millionen glauben, daß Jesus am Kreuz für die Sünden der Menschheit gestorben ist, aber sie verstehen es nicht. Denken Sie betend über Ihr Verständnis dieses großen Werkes nach und beantworten Sie folgende Fragen:

1. Der Herr Jesus starb am Kreuz, weil
   a) Er ein Opfer der Umstände war.
   b) Er das Opfer eines tragischen Fehlers war.
   c) Sünde gerichtet werden muß, wenn wir zu Gott gebracht werden sollen.
   d) Er weder den römischen noch den jüdischen Führern entkommen konnte.
   (Wählen Sie eine Antwort.)

2. Gott ist in der Lage, Sünder von der Todesstrafe zu befreien, indem Er
   a) ihnen die Möglichkeit zu Bußübungen gibt.
   b) ihre Fehler aufgrund Seiner Liebe übersieht.
   c) für ein vollkommenes Opfer für die Sünden sorgt.
   d) Er tut, was immer Er will, weil Er Gott ist.
   (Wählen Sie eine Antwort.)

3. Wenn der Herr Jesus nicht am Kreuz gestorben wäre, wären wir
   a) hoffnungslos und für immer verloren.
   b) gelehrt worden, daß es einen gleichwertigen annehmbaren Weg zu Gott gibt.
   c) gezwungen, härter zu arbeiten, um Gott zu gefallen.
   d) angenommen aufgrund Seiner Liebe.
   (Wählen Sie eine Antwort.)

4. Geben Sie mit Ihren eigenen Worten 1. Petrus 3,18 oder Jesaja 53,4.5 wieder.

5. Wenn Gott Seinen Sohn liebte, warum hat Er es zugelassen, daß Er am Kreuz leiden und sterben mußte (Röm 4,25; 5,6.8)?

6. Für wen starb der Herr Jesus (Joh 3,16; 1 Jo 2,2)?

7. Was hat Jesus gemeint, als Er rief: »Es ist vollbracht« (Joh 19,30)?

8. Nennen Sie einen überzeugenden Beweis der Auferstehung Jesu Christi.

9. *Was würden Sie sagen?* Erklären Sie mit Ihren eigenen Worten, warum Jesus am Kreuz gestorben ist.

10. Was sagen andere dazu? Nehmen Sie in dieser Woche mit mindestens drei Personen Kontakt auf und stellen Sie ihnen die folgenden Fragen. Sie könnten etwa so vorgehen:
Ich mache eine Umfrage im Rahmen eines Bibelkurses hier in ...
Würden Sie mir bitte helfen und mir Ihre Meinung zu drei wichtigen Fragen sagen?

1. Was war Ihrer Meinung nach der Grund, daß Jesus Christus am Kreuz gestorben ist?
2. Glauben Sie, daß Jesus Christus aus dem Grab auferstanden ist und heute lebt?
3. Was soll der Glaube an die Auferstehung Jesu Christi im Leben eines Menschen bewirken?

Herzlichen Dank für Ihre Mithilfe. Möchten Sie, daß ich Ihnen eine Kopie des Umfrageergebnisses zuschicke?
Danke.
Schreiben Sie Name und Adresse des Befragten auf die Karten, die Sie vom Kursleiter erhalten. Vermerken Sie die Antworten auf der Rückseite mit dem Hinweis, ob Kopien der Ergebnisse gewünscht werden. Geben Sie die Karten beim Kursleiter ab. Die Ergebnisse werden von ihm vervielfältigt und den interessierten Personen zugeschickt.

KAPITEL IX

Die neue Geburt

»Wenn jemand nicht von neuem geboren wird, so kann er das Reich Gottes nicht sehen« (Joh 3,3). Es war ein gottesfürchtiger Mann, ein frommer, religiöser Besucher der Synagoge, ein Mensch von höchster Moral, der zu Jesus kam, um Ihm Ehre zu erweisen, zu dem Jesus Christus diese ernsten Worte sagte. Alles, was Nikodemus hatte, reichte nicht aus, ihn auf eine Begegnung mit dem ewigen Gott vorzubereiten. Sind Sie bereit, Gott zu begegnen?

Was bedeutet »von neuem geboren werden«?

Von neuem geboren werden ist gleichbedeutend mit erneuert werden (man bekommt neues Leben). Als der Herr Jesus zu Nikodemus sagte, daß er von neuem geboren werden müsse, sprach er nicht von einer physischen, sondern von einer geistlichen Geburt (Joh 3,4-6). Der Herr Jesus fragte ihn, warum er als Lehrer seines Volkes dies nicht verstehe (Joh 3,10). Die Neugeburt oder Erneuerung des Volkes Israel wurde im Alten Testament gelehrt (Hes 36,26; 37,1-10). Die Befreiung der Geschöpfe aus ihrem sündengeprägten Dasein durch eine Wiedergeburt in der Zukunft war ebenfalls eine wohlbekannte Lehre (Mt 19,28). Nikodemus hatte nicht verstanden, daß das Wort Wiedergeburt auf Menschen zutrifft, die Glieder der göttlichen Familie werden. Von neuem geboren werden ist eine persönliche Erfahrung. Sie bedeutet neues Leben, eine neue familiäre Beziehung, eine neue Kraft von innen. Die Bibel sagt, daß wir in das Reich Gottes eingehen als jemand, der vom Tod zum Leben übergegangen ist (Joh 5,24). Wir gehen über vom Wandel in der Finsternis zum Wandel im Licht (Joh 8,12). Wir gehen über vom Reich Satans in das Reich des Sohnes der Liebe Gottes (Kol 1,13). Wir werden eine neue Schöpfung (2 Kor 5,17). Diese neue Schöpfung besteht in Gerechtigkeit, Heiligkeit und Wahrheit (Eph 4,24).
Warum muß der natürliche Mensch von neuem geboren werden? Der »natürliche Mensch« bezeichnet den Menschen, wie er gebo-

ren ist und im Fleisch lebt, bevor er neues Leben aus Gott bekommt.

1. *Er ist böse von Jugend auf* (1 Mo 8,21). Er hat ein arglistiges Herz (Jer 17,9). In seinem Fleisch wohnt nichts Gutes (Röm 7,18).
2. *Er ist tot in Sünden* (Eph 2,1). Nach Gottes Maßstab gibt es bei ihm kein geistliches Leben.
3. *Er ist unter der Herrschaft Satans* (Eph 2,2).
4. *Er ist ein Feind Gottes* (Röm 5,10). Er hat keine Hoffnung und ist ohne Gott in dieser Welt (Eph 2,12).

Jedes Gotteskind war einmal in diesem Zustand.

Wie kann jemand von neuem geboren werden?

1. *Zwei Illustrationen der neuen Geburt:* Ein sorgfältiges Studium von Johannes 3 wird die Meinung der meisten Menschen in bezug auf das »in das Reich Gottes eingehen« nicht bestätigen. Der Herr Jesus erwähnte weder gute Taten, das Beitreten zu religiösen Organisationen noch das Ausüben religiöser Zeremonien. Er gab uns zwei Illustrationen für die neue Geburt:
    a) Den Wind (Joh 3,8). Er ist unsichtbar, unberechenbar und doch erkennbar in seiner Auswirkung. Sein Ursprung ist Gott und nicht der Mensch. Die neue Geburt hat ihren Ursprung in Gott (Joh 1,13). Sie wird von Gott gesandt, um unsichtbar und kraftvoll Leben zu verändern.
    b) Die eherne Schlange (Joh 3,14.15; 4 Mo 21,6-9). Als das Volk gesündigt hatte, wurde Mose von Gott beauftragt, eine eherne Schlange zu machen und sie auf einem Pfahl aufzurichten. Alle, die den Worten Moses glaubten und die eherne Schlange anblickten, wurden errettet. Der Herr Jesus sagte, Er, der Sohn des Menschen, müsse wie diese eherne Schlange auf dem Pfahl »erhöht werden«, um den zu retten, der im Glauben auf Ihn blicken würde. Mit diesem »erhöht werden« ist eindeutig das Kreuz gemeint (Joh 12,32.33). Diese neue Geburt geschieht dadurch, daß wir auf den Herrn Jesus als den für unsere Sünden Gekreuzigten blicken.

2. *Zwei Hauptfaktoren bei der neuen Geburt.*
a) Das Wort Gottes (1 Petr 1,23; Jak 1,18). Wir hören das Wort der Wahrheit und glauben, um errettet zu werden (Eph 1,13; Röm 10,17). Es ist der Same der Errettung (Mt 13,3-9.13-23). Die neue Geburt geschieht, wenn wir Gottes Wort aufrichtig glauben und ihm gehorchen.
b) Der Heilige Geist (Tit 3,5; Joh 3,5.6.8). Er überführt die Menschen der Sünde (Joh 16,8-11) und führt sie zu Christus. Die neue Geburt ist ein Werk des Heiligen Geistes. Sie beginnt mit der Überführung von Sünde und führt den Menschen zu einem gereinigten Leben, mit der »Waschung zur Wiedergeburt«.

Wir werden bemerkt haben, daß nichts von dem oben Erwähnten etwas mit der Wassertaufe zu tun hat. Die Taufe wird nicht einmal erwähnt. In der Bibel wird das Wasser als Symbol für den Heiligen Geist (Joh 7,38.39) und das Wort (Eph 5,26) verwendet. Die Taufe hat nichts gemein mit den Beispielen des Windes und der ehernen Schlange, die der Herr Jesus verwendet hat. Die Taufe ist ein Bild für die Errettung. Sie ist sehr wichtig und folgt auf die neue Geburt, aber sie verursacht sie nicht (Apg 8,12.13.37.38).

Was sind die Auswirkungen der neuen Geburt?

1. Wir haben ein neues Herz und einen neuen Geist (Hes 11,19).
2. Wir sind der göttlichen Natur teilhaftig geworden (2 Petr 1,4).
3. Gottes Geist wohnt in uns (Röm 8,9).
4. Wir sind Kinder in der Familie Gottes (1 Jo 3,1).
5. Wir haben ewiges Leben (1 Jo 5,11.12).
6. Wir lieben den Herrn Jesus Christus (1 Jo 5,1).
7. Wir lieben andere, besonders die Christen (1 Jo 3,14; 4,7).
8. Wir haben den Willen, dem Herrn Jesus zu gehorchen (1 Jo 2,3).
9. Wir praktizieren nicht mehr die Sünde (1 Jo 3,9).
10. Wir praktizieren Gerechtigkeit (1 Jo 2,29).

Sind Sie je der Sünde überführt worden, und haben Sie sich an Jesus Christus gewandt, um gerettet zu werden? Haben Sie schon dem Evangelium der Errettung geglaubt und auf Christus vertraut?

Fragen zu Kapitel IX

Die neue Geburt

Der Herr Jesus sagte, daß man das Reich Gottes nicht sehen kann, wenn man nicht von neuem geboren ist. Das ist von entscheidender Bedeutung. Bitte beantworten Sie folgende Fragen sorgfältig.

1. Antworten Sie, indem Sie richtig oder falsch einkreisen.
   a) Man wird durch die Wassertaufe von neuem geboren.
      (richtig/falsch)
   b) Die zwei Beispiele der Wiedergeburt, die der Herr Jesus erwähnte, sind das Meer und die eherne Schlange.
      (richtig/falsch)
   c) »Von neuem geboren werden« ist ein Modewort, mit dem meist eine Änderung unserer religiösen Überzeugung beschrieben wird.
      (richtig/falsch)

2. Nikodemus kam in erster Linie zu Jesus als
   a) ein an Gott Glaubender.
   b) eine moralisch hochstehende Person.
   c) ein Angehöriger der Synagoge.
   d) jemand, der an Ihm interessiert war.
   e) alles oben Erwähnte.
   (Wählen Sie eine Antwort.)

3. »Von neuem geboren werden« bedeutet
   a) einer Kirche beitreten.
   b) seine Religion wechseln.
   c) neues Leben aus Gott.
   d) einen allmählichen geistigen Übergang.
   e) an Gott glauben.
   (Wählen Sie eine Antwort.)

4. Der natürliche Mensch muß von neuem geboren werden, weil
   a) er von klein auf böse ist.
   b) er tot in Sünden ist.
   c) er von Satan regiert wird.
   d) er ein Feind Gottes ist.
   e) er alles oben Erwähnte ist.

5. Geben Sie mit Ihren eigenen Worten Johannes 1,12.13 wieder.

6. Welche Rolle spielt das Wort Gottes bei der neuen Geburt (Mt 13,3-9.18-23; Röm 10,17; Eph 1,13; 1 Petr 1,23)?

7. Welche Rolle spielt der Heilige Geist bei der neuen Geburt (Joh 3,6-8; 16,7-11; Tit 3,5; Apg 2,37)?

8. Nennen Sie einige Auswirkungen der neuen Geburt.

9. *Was würden Sie sagen?* Erklären Sie mit Ihren eigenen Worten die »neue Geburt«.

10. Was sagen andere dazu? Nehmen Sie in dieser Woche mit mindestens drei Personen Kontakt auf und stellen Sie ihnen folgende Fragen. Sie könnten etwa so vorgehen:
Ich mache eine Umfrage im Rahmen eines Bibelkurses hier in ...
Würden Sie mir bitte helfen und mir Ihre Meinung zu drei wichtigen Fragen sagen?

1. Viele Leute verwenden den Ausdruck »von neuem geboren werden«. Was bedeutet dieser Ausdruck für Sie?
2. Wie wird Ihrer Meinung nach jemand ein Glied der göttlichen Familie?
3. Warum, glauben Sie, hat der Herr Jesus diesen Ausdruck verwendet, als Er erklärte, was es heißt, ein Christ zu werden?

Herzlichen Dank für Ihre Mithilfe. Möchten Sie, daß ich Ihnen eine Kopie des Umfrageergebnisses zuschicke?
Danke.
Schreiben Sie Name und Adresse des Befragten auf die Karten, die Sie vom Kursleiter erhalten. Vermerken Sie die Antworten auf der Rückseite mit dem Hinweis, ob Kopien der Ergebnisse gewünscht werden. Geben Sie die Karten beim Kursleiter ab. Die Ergebnisse werden von ihm vervielfältigt und den interessierten Personen zugeschickt.

KAPITEL X

Errettung aus Gnade

»Denn aus Gnade seid ihr gerettet worden durch Glauben, und das nicht aus euch; Gottes Gabe ist es, nicht aus den Werken, damit niemand sich rühme« (Eph 2,8.9). Errettung geschieht aus Gnade, was bedeutet, daß sie die unverdiente Gunst Gottes ist. Sie ist ein Geschenk, was wiederum heißt, daß sie weder gekauft noch verdient werden kann. Das ist eine Lehre, die für Menschen mit einer religiösen Einstellung oft sehr schwierig zu akzeptieren ist. Oft wird sie nur teilweise angenommen oder auf eine Art, die ihre Wahrheit verleugnet. Im Alten Testament bedeutet das Wort Gnade »sich in Güte zu einem Untergebenen herablassen oder herabneigen«. Und das ist eine treffende Beschreibung für das, was Gott uns gegenüber tut. Im Neuen Testament bedeutet das Wort Gnade »Wohlwollen, Großzügigkeit, Güte oder Geschenk«. Das weist darauf hin, daß Gnade nicht erworben, verdient, noch gekauft werden kann, weder ganz noch teilweise. Errettung in Jesus Christus ist »das Geschenk Gottes« und gestattet keinerlei Zahlung an den Geber.

Falsche Vorstellungen von der Gnade

Die Vernunft des Menschen möchte ihm einreden, daß er sich durch bestimmte Werke die Errettung bei Gott verdienen kann. Beachten Sie die Aussagen des Wortes Gottes über solche Ideen:

1. *Werke oder Taten als Weg zu Gott.* »Wenn aber durch Gnade, so nicht mehr aus Werken« (Röm 11,6); »... errettet er uns, nicht aus Werken, die in Gerechtigkeit vollbracht, wir getan hatten, sondern nach seiner Barmherzigkeit« (Tit 3,5). Die Gerechtigkeit Gottes wird umsonst dem zugerechnet, »der nicht Werke tut« (Röm 4,5). Wer sich die Gunst Gottes zur Errettung durch menschliche Werke erwerben will, sucht damit Gott zu seinem Schuldner zu machen (Röm 4,4).

2. *Das Halten der Zehn Gebote.* »Darum: Aus Gesetzeswerken wird kein Fleisch vor ihm gerechtfertigt werden; denn durch

Gesetz kommt Erkenntnis der Sünde« (Röm 3,20).»... denn ihr seid nicht unter dem Gesetz, sondern unter der Gnade« (Röm 6,14). »Ihr seid von Christus abgetrennt, die ihr im Gesetz gerechtfertigt werden wollt; ihr seid aus der Gnade gefallen« (Gal 5,4). Den Gegensatz sieht man in Johannes 1,17 deutlich: »Denn das Gesetz wurde durch Mose gegeben; die Gnade und die Wahrheit ist durch Jesus Christus geworden.« Es gibt keinen Grund, sich des Vorrechtes zu rühmen, Gemeinschaft mit Gott haben zu dürfen (Röm 3,27). Es gibt »keine Treppe zu Gott«, die auf menschliche Gerechtigkeit oder religiöse Übungen gegründet ist. Menschen werden nicht dadurch errettet, daß sie etwas aufgeben, daß sie mit Gott handeln oder daß sie mit ihren eigenen Anstrengungen das Werk ergänzen, das Er vollbracht hat. Errettet wird man nicht aufgrund eigener Werke, nicht dadurch, daß man das Gesetz nicht beachtet, und auch nicht dadurch, daß man versucht, Gott zu seinem Schuldner zu machen. Errettung geschieht aus Gnade und nur aus Gnade allein.

Warum ist Gnade notwendig?

1. *Der moralische Zustand des Menschen.* Er hat keine Kraft, um sich Gott moralisch nähern zu können (Röm 5,6). Er ist ein Sünder (Röm 3,9), ein Feind Gottes (Kol 1,21) und tot in Sünden (Eph 2,1). Wie könnte er wohl von sich aus einen Weg zu Gott schaffen?

2. *Die vollkommene Heiligkeit Gottes.* Der Mensch könnte durch eigene Anstrengungen niemals zu Gott kommen. Gottes Heiligkeit steht weit über dem Menschen, mag er noch so gut sein (Jes 6,3-5). Gott neigt sich gnädig zum Menschen nieder.

Was sind die Auswirkungen der Gnade?

1. *Wir sind aus Gnade gerettet* (Röm 3,24; 4,16). Da gibt es kein menschliches Hinzutun.

2. *Wir werden durch Gnade bewahrt* (Joh 10,28.29; 1 Petr 1,5; 5.10). Er hält uns in Seiner Hand und bewahrt uns durch Seine

Macht. Wir werden nicht durch das Gesetz (Gal 3,2.3) oder durch andere Werke bewahrt. Wir leben unter der Gnade und nicht unter dem Gesetz (Röm 6,14).

3. *Wir stehen in der Gnade* (Röm 5,2; 1 Petr 5,12). Gott handelt mit uns auf dieser Grundlage.

4. *Wir leben durch Gnade* (Hebr 13,21; Phil 2,13). Es ist Gott, der in uns wirkt, um uns zu einem christlichen Leben zu befähigen.

Warnung vor dem Mißbrauch der Gnade

Keine dieser Aussagen enthält einen Freibrief zum Sündigen oder eine Herabminderung unserer Berufung zu einem gotteswürdigen Lebenswandel.

1. *Wir sündigen nicht, damit die Gnade überströme* (Röm 6,1).

2. *Wir verwenden die Gnade Gottes nicht als Deckmantel für ein ausschweifendes Leben* (Jud 4). Freiheit ist kein Anlaß für böse Taten, sondern für liebende Hingabe (Gal 5,13).

3. *Wir sind errettet zu guten Werken* (Eph 2,10; Tit 3,8). Wir praktizieren nicht Sünde (1 Jo 3,9). Wir halten Gottes Wort (1 Jo 2,3-5): Aber dies sind die Früchte der Erlösung, und nicht die Mittel, um Gottes Wohlgefallen zu erringen. Wir leben für Gott, weil wir den Herrn Jesus lieben (Joh 14,15.21). Die einzigartige christliche Botschaft ist das Evangelium der Gnade (Apg 14,3; 20,24.32). Dieses Evangelium hat seinen Ursprung in dem Gott aller Gnade (1 Petr 5,10), welcher uns am Thron der Gnade mit Barmherzigkeit empfängt (Hebr 4,16). Dies ist ein bleibender Grundsatz des Charakters Gottes und Seiner Handlungsweise mit uns. Wir sollen uns Ihm niemals mit der Einstellung nahen, Er sei uns gegenüber zu irgend etwas verpflichtet.

Fragen zu Kapitel X

Errettung aus Gnade

Der christliche Glaube ist einzigartig in seiner Betonung der Tatsache der Errettung aus Gnade. Andere Systeme, die eine Verbindung mit Gott herstellen wollen, leugnen diese Wahrheit teilweise oder ganz. Versuchen Sie zu einem sicheren Verständnis dieser Lehre zu gelangen, indem Sie folgende Fragen beantworten.

1. Das Beachten der Zehn Gebote
   a) ist notwendig für die Errettung des Christen.
   b) muß zum Werk Christi am Kreuz hinzukommen.
   c) kann jetzt vollkommen außer acht gelassen werden.
   d) ist der vollkommene Standard, der zum Erlangen der Gerechtigkeit Gottes erforderlich ist.
   e) ist keines der oben erwähnten Dinge.
   (Wählen Sie eine Antwort.)

2. Gnade ist, daß Gott
   a) Seine Hand denen entgegenstreckt, die Seine Gnade nicht verdienen.
   b) Seine Hand denen entgegenstreckt, die Seine Gnade verdienen.
   c) Seine Hand denen entgegenstreckt, die Sein göttliches Strafgericht verdienen.
   (Wählen Sie eine Antwort.)

3. Nach der Heiligen Schrift sind alle Menschen
   a) grundsätzlich gut.
   b) grundsätzlich auf der Suche nach Gott.
   c) grundsätzlich verderbt.
   d) grundsätzlich willig, aber schwach.
   (Wählen Sie eine Antwort.)

4. Gott kann aus Gnade Sünder erretten und trotzdem heilig sein, weil
   a) Christus den Platz des Sünders einnahm und für uns gelitten hat.
   b) Gott tun kann, was Ihm gefällt, auch wenn es widersprüchlich ist.

c) die Sünde nicht gar so ernst ist.
d) dies Seine Pflicht gegenüber Seinen Geschöpfen ist.
(Wählen Sie eine Antwort.)

5. Geben Sie mit Ihren eigenen Worten Epheser 2,8.9 wieder.

6. Stellen Sie jeweils zwei Dinge in den nachfolgenden Versen einander gegenüber, die ein Gegensatzpaar bilden.

1. Petrus 5,5

Judas 4

Galater 5,4

Römer 11,6

Römer 4,4

7. Welche der folgenden biblischen Aussagen sprechen von Gnade?
a) »Tu dies und du wirst leben.«
b) »Du sollst den Herrn, deinen Gott lieben.«
c) »Wir lieben, weil Er uns zuerst geliebt hat.«
d) »Die Seele, welche sündigt, die soll sterben.«

8. Welche falsche Auffassung über Gnade wird in Judas 4 und 1. Petrus 2,16 korrigiert?

9. *Was würden Sie sagen?* Beschreiben Sie mit Ihren eigenen Worten, was Gottes Gnade für Sie bedeutet.

10. Was sagen andere dazu?
Nehmen Sie in dieser Woche mit mindestens drei Personen Kontakt auf und stellen Sie ihnen die folgenden Fragen. Sie könnten etwa so vorgehen:
Ich mache eine Umfrage im Rahmen eines Bibelkurses hier in . . .
Würden Sie mir bitte helfen und mir Ihre Meinung zu drei wichtigen Fragen sagen?

1. Was war der Zweck der Zehn Gebote?
2. Verwenden Sie in Ihrer Umgangssprache den Ausdruck »Gnade«?
3. Was glauben Sie, was die Bibel mit der Aussage »wir sind aus Gnade gerettet« meint?

Herzlichen Dank für Ihre Mithilfe. Möchten Sie, daß ich Ihnen eine Kopie des Umfrageergebnisses zuschicke?
Danke.
Schreiben Sie Name und Adresse des Befragten auf die Karten, die Sie vom Kursleiter erhalten. Vermerken Sie die Antworten auf der Rückseite mit dem Hinweis, ob Kopien der Ergebnisse gewünscht werden. Geben Sie die Karten beim Kursleiter ab. Die Ergebnisse werden von ihm vervielfältigt und den interessierten Personen zugeschickt.

KAPITEL XI

Vom Glauben an Jesus Christus

Der Kerkermeister in Philippi fragte:»Was muß ich tun, daß ich errettet werde?« Der Apostel Paulus antwortete:»Glaube an den Herrn Jesus, und du wirst errettet werden« (Apg 16,30.31). Aber was bedeutet es nun, an den Herrn Jesus Christus zu glauben? Viele Menschen haben eigenartige Vorstellungen über diese entscheidende Frage. Hier einige typische, unbiblische Beispiele dafür, was Menschen mit dem Begriff »ich glaube« verbinden: Menschen meinen, an den Herrn Jesus zu glauben,

1. weil sie anerkennen, daß der Herr Jesus hier auf Erden lebte und starb.
2. weil sie Seine hochstehende Moral bewundern.
3. weil sie sich einer religiösen Gruppe angeschlossen haben.
4. weil sie zu Gott beten.
5. weil sie ein Gebet, ein Glaubensbekenntnis oder eine sonstige religiöse Formel nachgesprochen haben.

Ist das der Glaube an Christus, wie ihn die Bibel lehrt? Verändert diese Art von Glauben das Leben der Menschen? Gibt dieser Glaube die feste Gewißheit, in den Himmel zu kommen?

Was ist Glaube?

Was bedeutet es, an Jesus zu glauben? Biblischer Glaube beinhaltet die Idee des Vertrauens, der Zuversicht, des Überzeugtseins, des Sich-auf-jemand-verlassen-Könnens. Wir sagen: Ich glaube an diesen Menschen. Glauben ist das Gegenteil von zweifeln. Es bedeutet aber nicht, naiv oder leicht verführbar sein. Glaube hat folgende Elemente:

1. *Glaube hat ein Objekt*

Man glaubt an jemanden oder an etwas. Für Christen ist dieser Jemand eine lebende Person: der Herr Jesus Christus (Apg 20,21).»Dies ist das Werk Gottes, daß ihr an den glaubt, den er gesandt hat« (Joh 6,29).

Der Herr Jesus fragte den blinden Mann: »Glaubst du an den Sohn Gottes?« (Joh 9,35). Der Schächer am Kreuz mußte, um ins Paradies einzugehen, nur an den Herrn Jesus glauben (Lk 23,42.43). Dieser Glaube ist das Herz des Evangeliums (Apg 8,35-37; 1 Jo 5,13). Es kommt nicht darauf an, *wie stark* wir glauben, sondern *an wen* wir glauben. Der Glaube nimmt *Ihn* auf (Joh 1,12).

2. *Glaube muß einen Inhalt haben*

Wir müssen das Wort des Evangeliums hören und daran glauben (Apg 18,8). Die Korinther wurden gerettet, als Paulus ihnen das Evangelium predigte. Dieses Evangelium wird in 1. Korinther 15,1-4 sorgfältig erklärt: Christus starb für unsere Sünden, er wurde begraben, und er erstand von den Toten nach der Schrift.
Wir können erst vertrauen, wenn wir das Evangelium gehört haben, welches in Epheser 1,13 das Wort der Wahrheit genannt wird. Dieses Evangelium ist so kostbar und lebensnotwendig, daß jeder Mensch oder Engel, der es abändert, unter einem Fluch steht (Gal 1,6-9).

3. *Der Glaube hat eine Grundlage*

Diese feste Grundlage ist das Wort Gottes (1 Thes 2,13; Röm 10,17). Der Gegenstand des christlichen Glaubens ist »das Zeugnis Gottes«, wie es in der Schrift genannt wird (1 Jo 5,9). Der Glaube nimmt Gottes Wahrheit an (1 Thes 2,13) und glaubt, daß Gott wahrhaftig ist, auch wenn alle Menschen Lügner wären (Röm 3,3.4). Wir »springen« nicht »ins Dunkle«, indem wir blind glauben oder uns auf unsere Gefühle verlassen, wir glauben und vertrauen Gottes Wort!

4. *Der Glaube handelt*

Glauben bedeutet nicht nur, daß wir einer gewissen Aussage intellektuell zustimmen. Glaube ist mehr – Glaube handelt! Beachten Sie im folgenden die Worte, die eine Handlung ausdrücken: Menschen kamen zu dem Herrn Jesus, fielen vor

Ihm nieder und gehorchten Seinem Wort; Er befahl einem Mann, seine Hand auszustrecken (Mt 12,13); einem anderen gebot Er, sein Bett zu nehmen (Mt 9,6); ein dritter wiederum sollte sich im Teich Siloah waschen (Joh 9,7). Wiederholt rief der Herr Jesus zur Tat auf. Abraham ist das Musterbeispiel eines Mannes, der Gott glaubte. Wenn wir 1. Mose 12,1-4, Apostelgeschichte 7,2-4 und Hebräer 11,8 vergleichen, sehen wir, daß Abraham Gottes Wort hörte und danach handelte, indem er seine Heimatstadt verließ, ohne zu wissen, wohin Gott ihn führen würde. Diese Handlung beweist uns seinen Glauben. Der Glaube, der rettet, ist ein Glaube, der in die Tat umgesetzt wird. Rettender Glaube ist niemals lediglich ein passives Bejahen historischer Tatsachen gewesen. Jeder sogenannte »Glaube«, der nicht Werke zur Folge hat, ist ein »toter Glaube«. Wenn jemand wirklich an Jesus Christus glaubt, wird sein Leben voll guter Werke sein (siehe Jak 2,14-26, wo rettender Glaube und »toter Glaube« einander gegenübergestellt werden). Rettender Glaube ist mehr als glauben, daß die geschichtlichen Tatsachen über Jesus Christus und seinen Tod wahr sind.

Wir glauben an den Sohn Gottes. Das heißt, daß wir uns persönlich Ihm anvertraut und ausgeliefert haben.

Beispiele wahren Glaubens

Die Schrift ist voll von Beispielen echten Glaubens. Das 11. Kapitel des Hebräerbriefes wurde die »Heldenliste der Glaubenden« genannt, denn hier wird von hervorragenden Männern und Frauen berichtet, die Glauben hatten. Betrachten Sie diese Glaubenshelden und verfolgen Sie ihre Glaubensschritte!

Zwei andere Beispiele für echten Glauben können angeführt werden. Zum einen der Glaube des Hauptmannes in Matthäus 8,5-10. Der Hauptmann glaubte, daß der Herr Jesus seinen Knecht durch das bloße Aussprechen eines Wortes heilen konnte. Zum anderen der Glaube der kanaanäischen Frau (Mt 15,22-28). Sie bat, daß der Herr ihre Tochter von Dämonen befreien möge. Ihr Glaube war demütig und beharrlich.

Wie komme ich zu Christus?

Wenn wir zu Jesus Christus kommen, geschehen folgende Dinge:

1. *Der Geist hat uns von Sünde überführt* (Joh 16,8-11). Wir bekennen unsere Sündhaftigkeit vor Gott (Lk 15,18; 18,13.14).

2. *Wir tun Buße über unsere Sünden* (Lk 13,3; Apg 3,19; 17,30; 20,21). Wir möchten uns ändern, indem wir uns von der Sünde abwenden und Christus zuwenden.

3. *Wir kennen das Evangelium.* Wir müssen es glauben, um gerettet zu werden (Apg 15,7-9; 1 Kor 15,1-4). Das Herz dieser Botschaft ist der Herr Jesus Christus.

4. *Wir glauben Gottes Wort* (Mk 4,20; Joh 5,24).

5. *Wir nehmen Gottes Sohn im Glauben auf* (Joh 1,12; 1 Jo 5,12.13) und werden Seine Nachfolger (Joh 10,4.5.27).

6. *Als Folge bekennen wir ihn vor anderen* (Mt 10,32; Lk 12,8; Röm 10,9).

Der rettende Glaube setzt sein ganzes Gewicht auf den Herrn Jesus Christus und Sein vollbrachtes Werk.
Glaube ist das Mittel, der Kanal, durch welchen die Gnade Gottes fließt. Glaube ist nicht die Quelle der Erlösung, er ist kein Verdienst und auch keine moralische Auszeichnung, die einen Menschen wertvoll macht. Glaube ist die leere Hand, die annimmt, was Gott anbietet.
Vergeltung wird an denen geübt, die dem Evangelium nicht gehorchen (2 Thes 1,8).
Glaube gibt Gott allein die Ehre.
Glaube kann von Menschen jeglichen Alters, jeglicher Stellung und Intelligenz ausgeübt werden. Glaube ist universell erhältlich.
Falscher Glaube mag sich auf den Namen Jesu Christi berufen und mächtige Taten tun. Aber der Herr wird die Betrüger entlarven

und sie verwerfen (Mt 7,21-23; Lk 13,28), denn sie sind das Unkraut unter dem Weizen (Mt 13,24-30).
Wahrer Glaube bewirkt eine Änderung des Lebens (Hebr 6,9.10). Wahre Gläubige gehorchen dem Wort Gottes (1 Jo 2,4.5), lieben die Glaubensgeschwister (1 Jo 3,14), tun gute Werke (Eph 2,10), praktizieren Gerechtigkeit (1 Jo 3,7.10; Eph 4,22-24), meiden die Sünde (1 Jo 3,9.10; Gal 5,19-21).
Sind Sie schon an den Herrn Jesus Christus gläubig geworden?

Fragen zu Kapitel XI

Vom Glauben an Jesus Christus

Die bedeutendste Frage für jeden Menschen in Zeit und Ewigkeit ist diejenige, ob er immer bei Gott sein oder für ewig von Gott getrennt sein wird.
Überdenken Sie folgende Fragen gut:

1. Ich kann mir meiner Errettung gewiß sein, weil
   a) ich in einem Gebet den Herrn Jesus bat, in mein Herz zu kommen.
   b) Gott viele meiner Gebete beantwortet hat.
   c) weil ich meinen früheren Lebenswandel aufgegeben habe.
   d) weil ich jetzt die Bibel lese und in eine Gemeinde gehe.
   e) keines der erwähnten Argumente stimmt.
   (Wählen Sie eine Antwort.)

2. Rettender Glaube ist
   a) Zustimmung zu dem, was die Bibel sagt.
   b) an Gott glauben mit meinem ganzen Herzen.
   c) glauben, daß geistliche bzw. religiöse Dinge notwendig sind.
   d) glauben, daß der Herr Jesus lebte und starb und die größte Persönlichkeit der Geschichte war.
   e) keine der erwähnten Angaben ist richtig.
   (Wählen Sie eine Antwort.)

3. Beschreiben Sie rettenden Glauben mit eigenen Worten:

4. Was glaubte der »gute Schächer« (Lk 23,39-43)?

5. Nennen Sie die drei grundlegenden Wahrheiten des Evangeliums in 1. Korinther 15,1-4 und kreuzen Sie diejenige an, die für Sie am schwierigsten zu glauben war/ist.

a)

b)

c)

6. Geben Sie mit Ihren eigenen Worten 1. Johannes 5,9 wieder.

Nehmen Sie dieses Zeugnis voll und ganz an? Erläutern Sie.

7. Was war der Beweis echten Glaubens bei der kanaanäischen Frau (Mt 15,22-28)? Würden Sie dieselbe Haltung vor dem Herrn Jesus einnehmen?

8. Wie haben Sie persönlich diese folgenden Verse erfahren bzw. danach gehandelt?

Lukas 13,3

Lukas 18,13.14

Johannes 16,7-9

Römer 10,9.10

Epheser 1,13

Offenbarung 3,20

9. *Was würden Sie sagen?* In welchen Bereichen haben Sie noch Fragen bezüglich des Glaubens an Jesus Christus?

Angenommen, Sie würden heute sterben, vor Gott stehen und Er würde Sie fragen: »Warum sollte ich dich in meinen Himmel einlassen?«, was würden Sie antworten?

10. Was sagen andere dazu?
Nehmen Sie in dieser Woche mit mindestens drei Personen Kontakt auf und stellen Sie ihnen folgende Fragen. Sie könnten etwa so vorgehen:
Ich mache eine Umfrage im Rahmen eines Bibelkurses hier in ...

Würden Sie mir bitte helfen und mir Ihre Meinung zu drei wichtigen Fragen sagen?
1. Man hört oft den Ausdruck »an Jesus glauben«. – Meinen Sie, daß an Jesus glauben mehr bedeutet als nur verstandesmäßiges Zustimmen zu geschichtlichen Tatsachen über Ihn und Sein Leben?
2. Was, meinen Sie, ist wahrer Glaube?
3. Glauben Sie, daß es möglich ist, daß Menschen Gott im Hinblick auf ihre alltäglichen Angelegenheiten vertrauen, nicht aber im Hinblick auf die Ewigkeit?

Herzlichen Dank für Ihre Mithilfe. Möchten Sie, daß ich Ihnen eine Kopie des Umfrageergebnisses zuschicke?
Danke.
Schreiben Sie Name und Adresse des Befragten auf die Karten, die Sie vom Kursleiter erhalten. Vermerken Sie die Antworten auf der Rückseite mit dem Hinweis, ob Kopien der Ergebnisse gewünscht werden. Geben Sie die Karten beim Kursleiter ab. Die Ergebnisse werden von ihm vervielfältigt und den interessierten Personen zugeschickt.

KAPITEL XII

Heilsgewißheit

Oft wird gesagt:»Niemand kann sicher wissen, daß er in den Himmel kommt.« Diese Behauptung wird gewöhnlich mit mancherlei Einwänden zu begründen versucht. Es wird gesagt, daß wir durch Dinge, die wir in diesem Leben tun, das ewige Leben verlieren können. Auf welcher Grundlage nun können wir mit Sicherheit wissen, daß wir ewiges Leben haben? Diese Frage muß von der Heiligen Schrift her beantwortet werden.

Die Möglichkeit der Heilsgewißheit

»Dies habe ich euch geschrieben, damit ihr wißt, daß ihr ewiges Leben habt, die ihr an den Namen des Sohnes Gottes glaubt« (1 Jo 5,13). Beachten Sie, daß hier nicht steht,»damit ihr eventuell, vielleicht, möglicherweise hoffen könnt,...« Hier heißt es:»damit ihr *wißt*, daß ihr ewiges Leben habt«. In diesem ersten Brief des Apostels Johannes kommt über 30mal dieses Wort»wissen« in irgendeiner Form vor. Beachten Sie folgende Aussagen:»Und hieran erkennen (oder wissen) wir, daß wir ihn erkannt haben« (1 Jo 2,3).»Wir wissen, daß wir aus dem Tod in das Leben hinübergegangen sind« (1 Jo 3,14).»Und hieran erkennen (oder wissen) wir, daß er in uns bleibt« (1 Jo 3,24).»Hieran werden wir erkennen, daß wir aus der Wahrheit sind« (1 Jo 3,19).»Hieran erkennen, (= wissen) wir, daß wir in ihm bleiben« (1 Jo 4,13). Es ist allerdings auch wahr, daß»nicht jeder, der zu mir sagt: Herr, Herr! wird in das Reich der Himmel eingehen« (Mt 7,21). Ja, etliche, die sich jetzt als Gläubige ausgeben und mit Christen Gemeinschaft pflegen, werden vom Herrn verstoßen werden (Lk 13,25-27).»An ihren Früchten werdet ihr sie erkennen«, sagte unser Heiland (Mt 7,20). Jedoch wenn jemand eine echte geistliche Wiedergeburt erlebt hat und mit dem Heiligen Geist versiegelt wurde (Eph 1,13), und wenn man diese Tatsache an seinem Leben erkennt (1 Jo 2,6), darf dieser Gläubige die frohe Zuversicht haben, ewiges Leben schon jetzt zu besitzen (2 Tim 1,12; Röm 8,38.39).

Gewißheit kann man als Vertrauen oder Zustand der Sicherheit bezeichnen. *Heilsgewißheit* ist das Vertrauen oder die Sicherheit, die ein Christ über seine eigene Errettung hat (ewiges Leben). Die Schrift sagt klar, daß Gott es den Menschen wissen lassen möchte, daß er in den Himmel kommt. Heilsgewißheit ist nicht nur menschlicher Optimismus oder bloße Mutmaßung. Sie ist eine Tatsache, die auf dem zuverlässigen (göttlichen) Zeugnis beruht, daß wir in der richtigen Beziehung zu Gott stehen.

Drei Zeugen für die Gewißheit des Gläubigen

Gott hat dem Christen drei Zeugen gegeben, die seine Beziehung zu Gott bezeugen und auf die er seine Gewißheit aufbauen sollte.

1. *Gottes Wort:* Das ist das stärkste Zeugnis. Genau wie unsere Erlösung auf den Glauben an Gottes Wort gegründet ist (1 Mo 15,6; Röm 10,9.10), so gründet sich auch unsere Heilsgewißheit auf Gottes Wort. Wer an den Sohn glaubt, hat ewiges Leben (Joh 3,16.36; 5,24). Unsere Errettung gründet sich auf die Tatsache, daß wir den Sohn Gottes haben, und nicht auf ein bestimmtes Gefühl (1 Jo 5,12). Die Schrift spricht nirgends von einem »Gefühl«, errettet zu sein. Wenn wir zu dem Herrn Jesus kommen, haben wir Sein Wort, daß Er uns nicht hinausstoßen wird (Joh 6,37).

2. *Objektive Tests äußerer Veränderung:* Ein anderes wichtiges Zeugnis ist die Tatsache eines veränderten Lebens. Der Schächer am Kreuz hatte eine sehr begrenzte Möglichkeit, sich zu Jesus Christus zu bekennen; jedoch bekannte er öffentlich seinen Glauben und ermahnte den anderen Schächer (Lk 23,40-43). Dennoch gibt es Gläubige, die ein fleischliches Leben führen (1 Kor 3,1-4), für die Lot ein Beispiel ist (2 Petr 2,7.8); das heißt aber nicht, daß sie kein Zeichen geistlichen Lebens zeigen. Für unser menschliches Versagen hat die Schrift vorgesorgt (1 Jo 1,9; 2,1.2), aber das ist kein Freibrief zum Sündigen! Folgende Bibelstellen sind ein Test für das Vorhandensein göttlichen Lebens in einem Menschen:
   a) Christus bekennen (Röm 10,9.10)
   b) gute Werke (Jak 2,14-26; Eph 2,10)
   c) Gehorsam dem Wort gegenüber (1 Jo 2,4.5; 5,2.3)
   d) diese Welt nicht lieben (1 Jo 2,15)
   e) Gerechtigkeit praktizieren (1 Jo 3,7.10)

f) nicht die Sünde praktizieren (1 Jo 3,9.10; Gal 5,21)
g) Bruderliebe (1 Jo 3,14)
h) die Gottheit Christi anerkennen (2 Jo 9)
i) Bereitschaft, auch als Gläubiger Sünden zuzugeben und zu bekennen (1 Jo 1,8.9).

3. *Inneres Zeugnis:* Ein dritter Zeuge sind unsere eigenen Gefühle. Dies ist das schwächste Zeugnis von den dreien, weil es subjektiv ist und weil sich ein Mensch selber betrügen kann. Jedoch zusammen mit den beiden anderen ist es durchaus von Bedeutung. Folgende Bibelstellen sind subjektive Tests für das Vorhandensein göttlichen Lebens in einem Menschen:
a) das Zeugnis des Heiligen Geistes zusammen mit unserem Geist (Röm 8,16)
b) kein Bewußtsein von Sünden mehr als unbezahlte Schuld (Hebr 10,2)
c) Traurigkeit, wenn wir sündigen (Ps 32,3-5)
d) unser eigener Lebenswandel hat sich verändert (siehe objektive Tests). Wir spüren, daß Gott unser Gebet hört, wir sind um die Verlorenen besorgt, wir haben ein Verlangen nach Gottes Wort usw.

Zweifelnde Christen und unbekehrte Bekenner

Obwohl Zweifel betreffs unserer eigenen Errettung ernst und sogar sündhaft sind, werden viele Christen zu dem einen oder anderen Zeitpunkt von solchen Zweifeln geplagt. Die folgende Gegenüberstellung möge solchen hilfreich sein, die ihre eigene Errettung in Frage stellen:

Der zweifelnde Christ:	Der unbekehrte Bekenner:
1. Nimmt seine Beziehung zu Gott ernst (stellt Fragen).	1. Ist eher sorglos, oft sogar zuversichtlich.
2. Macht sich immer wieder Gedanken über seine eigene Errettung.	2. Ist sich seiner Erlösung anscheinend ganz sicher, obwohl sein Leben das Gegenteil beweist. Weist Fragen auf diesem Gebiet schroff zurück.

3. Ist in der Gemeinde der Gläubigen dabei, obwohl er oft glaubt, nicht das Recht dazu zu haben.

3. Kritisiert oft Gläubige und Gemeinde, beschuldigt sie verschiedener Dinge, oft in hartem Ton.

4. Stellt seine Errettung gerade in Zeiten geistiger, körperlicher oder geistlicher Tiefs oft in Frage.

4. Zeigt auch in solchen Zeiten wenig oder keine Besorgnis.

Was tun, wenn Zweifel auftreten?

1. *Das Erkennen von Zweifeln:* Vielleicht haben Sie sich selbst schon folgendes gefragt: »Als ich Jesus Christus annahm, hatte ich kein besonderes Gefühl.« – »Ich weiß nicht, ob ich richtig geglaubt habe.« – »Ich habe nicht das Zeugnis des Heiligen Geistes.« – »Ich glaube, ich habe die unvergebbare Sünde begangen.« – »An meinem Leben erkennt man nicht, daß ich Christ bin, ich habe elend versagt.«

2. *Selbstprüfung:* Die folgenden Fragen können helfen, den wirklichen geistlichen Stand einer Person festzustellen: »Hatten Sie jemals in Ihrem Leben echte Sündenerkenntnis?« – »Worauf gründen Sie Ihre Hoffnung, in den Himmel zu kommen?« – »Wann und unter welchen Umständen haben Sie Jesus Christus angenommen?« Ein echter Christ ist einmal in seinem Leben der Sünde überführt worden und hat Buße getan und gründet seine Hoffnung auf Errettung einzig und allein auf Jesus Christus und Sein Werk auf Golgatha. Im allgemeinen erinnert er sich an einen Zeitpunkt, wo er sich bedingungslos Jesus Christus als Herrn und Erlöser anvertraut hat. Und wenn er sich auch nicht an den Zeitpunkt erinnert, so weiß er doch um die Tatsache, daß er sich dem Herrn hingegeben hat.

3. *Bekräftigung durch ein Gebet:* Übergeben Sie sich eventuell im Gebet Jesus Christus als Ihrem Herrn und Erlöser, wenn Sie noch zweifeln. Jedoch sollte wiederholtes Gebet in dieser Richtung kein Ersatz dafür sein, dem Wort Gottes bedingungslos zu vertrauen, anstatt sich auf Gefühle zu verlassen.

Der Wert der Selbsteinschätzung

Der Herr Jesus warnte vor Selbstbetrug hinsichtlich der Errettung. Viele werden sagen, daß sie Ihn kennen und viel für Ihn getan haben, und doch werden sie in die äußerste Finsternis hinausgestoßen werden, weil sie keine echten Christen waren (Mt 7,21-23; Lk 13,23.28). Wenn wir daher Zweifel haben, sollten wir uns selbst prüfen, ob wir wirklich im Glauben sind (2 Kor 13,5). Verwenden Sie dabei die oben erwähnten objektiven Tests äußerer Veränderung. Wenn Sie immer noch zweifeln, übergeben Sie sich Jesus Christus als Ihrem Herrn und Heiland.

Fragen zu Kapitel XII

Heilsgewißheit

Nach dem Erkennen Gottes ist der nächstwichtigste Schritt, Gewißheit darüber zu bekommen, daß wir für immer Ihm gehören. Wie können wir ganz sicher sein, daß wir ewiges Leben haben? Durchdenken Sie sorgfältig die folgenden Fragen:

1. Welche der folgenden Aussagen gibt am besten die biblische Auffassung über Heilsgewißheit wieder?
   a) Ich denke, daß ich ewiges Leben habe.
   b) Ich hoffe, daß ich ewiges Leben habe.
   c) Ich weiß, daß ich ewiges Leben habe.
   d) Nach meinem Tod werde ich wissen, ob ich ewiges Leben habe.
   (Wählen Sie eine Antwort.)

2. Antworten Sie, indem sie »richtig« bzw. »falsch« einkreisen!
   a) Es ist dem Menschen unmöglich, jetzt schon zu wissen, daß er ewiges Leben hat.
   (richtig / falsch)
   b) Es ist möglich, Heilsgewißheit zu haben, die auf falsche Grundlagen baut.
   (richtig / falsch)
   c) Etliche, die sich als Gläubige bezeichnen, werden verloren gehen.
   (richtig / falsch)
   d) Heilsgewißheit ist bloßer menschlicher Optimismus und Vermutung.
   (richtig / falsch)

3. Geben Sie 1. Johannes 5,10-13 mit eigenen Worten wieder!

4. Inwiefern geben die folgenden Verse einem Christen Gewißheit, daß er das ewige Leben hat?

   1. Johannes 2,3

   1. Johannes 3,14

   1. Johannes 3,19

   1. Johannes 3,24

   1. Johannes 4,13

5. Welche der folgenden Dinge zeugen am besten davon, daß wir eine echte Beziehung zu Gott haben? Ordnen Sie die vier Punkte ihrer Wichtigkeit nach – vom wichtigsten bis zum unwichtigsten Punkt!

   a) Zeugnis von Freunden

   b) Gottes Wort

   c) objekt. Tests,
   äußere Veränderung

   d) inneres Zeugnis

6. Warum ist es wichtig, daß die Gewißheit unserer Errettung auf sicherem Grund ruht (Mt 7,21-23)?

7. Welche der oben erwähnten objektiven Tests äußerer Veränderung (S. 118/119) sind in Ihrem Leben Wirklichkeit?

8. Hatten Sie je Zweifel über Ihr ewiges Leben, seit Sie Jesus Christus als Ihren Herrn und Erlöser angenommen haben? Wie sind Sie dagegen vorgegangen?

9. *Was würden Sie sagen?* Wenn Sie jemand fragen würde: »Wie können Sie mit Sicherheit wissen, daß Sie ewiges Leben haben?« Was würden Sie antworten?

10. Was sagen andere dazu?
Nehmen Sie in dieser Woche mit mindestens drei Personen Kontakt auf und stellen Sie ihnen die folgenden Fragen. Sie könnten etwa so vorgehen:
Ich mache eine Umfrage im Rahmen eines Bibelkurses hier in ...

Würden Sie mir bitte helfen und mir Ihre Meinung zu drei wichtigen Fragen sagen?
1. Glauben Sie, daß es einem Menschen möglich ist zu wissen, daß er ewiges Leben hat?
2. Was hat Ihrer Meinung nach der Apostel Johannes gemeint, als er schrieb: »Das habe ich euch geschrieben, daß ihr wißt, daß ihr ewiges Leben habt, die ihr an den Namen des Sohnes Gottes glaubt« (1 Jo 5,13).
3. Kamen Sie jemals in Ihrem Leben an einen Punkt, wo Sie mit Sicherheit wußten, daß Sie ewiges Leben haben?

Herzlichen Dank für Ihre Mithilfe. Möchten Sie, daß ich Ihnen eine Kopie des Umfrageergebnisses zuschicke?
Danke.
Schreiben Sie Name und Adresse des Befragten auf die Karten, die Sie vom Kursleiter erhalten. Vermerken Sie die Antworten auf der Rückseite mit dem Hinweis, ob Kopien der Ergebnisse gewünscht werden. Geben Sie die Karten beim Kursleiter ab. Die Ergebnisse werden von ihm vervielfältigt und den interessierten Personen zugeschickt.

KAPITEL XIII

Das neue Leben

»Ich bin gekommen, damit sie das Leben und volle Genüge haben sollen« (Joh 10,10). »Wer an mich glaubt, wie die Schrift sagt, aus dessen Leibe werden Ströme lebendigen Wassers fließen« (Joh 7,38). »Denn alles, was aus Gott geboren ist, überwindet die Welt« (1 Jo 5,4). Diese großartigen Ansprüche für das Leben desjenigen, der an den Herrn Jesus Christus glaubt, sind ganz eindeutig im NT als die Norm für das christliche Leben dargestellt. Friede, Ruhe und geistliche Vollmacht sollten unter den Nachfolgern unseres Erlösers kein Ausnahmezustand, sondern eine ständige Erfahrung sein. Der Herr bietet uns nicht nur Sündenvergebung und Gewißheit des ewigen Lebens an – er will uns auch ein neues Leben schenken, in welchem der Geist Christi kraftvoll am Werk ist, um unseren Lebenswandel zu verändern und unsere Gesinnung zu erneuern. Wir können dieses neue Leben haben, wenn wir sorgfältig darauf achten, was die Schrift darüber sagt, wie es gelebt wird. Geistlichen Segen und geistliche Vollmacht erhält der Gläubige nicht automatisch – sie sind sehr wohl an Bedingungen geknüpft.

Einige Worte für das Leben junger Gläubiger

Wir haben gesehen, wie wichtig es ist, Gewißheit über unser ewiges Leben durch den Herrn Jesus Christus zu haben. Es ist wichtig, daß wir unsere Hoffnungen auf die klaren Verheißungen des Wortes Gottes über Ihn setzen. Genauso wichtig ist es aber auch, daß man unser verändertes Leben sieht, als Beweis unseres Anspruches, Jesus Christus persönlich zu kennen. Einige Ratschläge:

1. *Bekennen Sie Jesus Christus als Ihren Herrn vor anderen!* (Röm 10,9.10; Lk 12,8). Seien Sie kein stiller, »getarnter« Christ.

2. *Brechen Sie mit schlechter Gesellschaft und schlechten Gewohnheiten!* (Ps 1; 2 Kor 6,14-18). Lassen Sie sich nicht von anderen nach unten ziehen, während Sie versuchen, ihnen zu helfen.

3. *Suchen Sie einen reifen Gebetspartner, der Ihnen im geistlichen Leben hilft* (Pred 4,9.10)! So werden Sie im Glaubensleben schneller wachsen.

Grundsätze im geistlichen Leben

Nicht nur Missionare und besondere Jünger sind zu einem siegreichen Christenleben bestimmt, sondern das ganze Volk Gottes (2 Kor 2,14; Eph 4,13). Die folgenden Überlegungen markieren den Weg des Sieges für jeden Tag!

1. *Unterwerfen Sie sich täglich Jesus Christus, Ihrem Herrn* (Kol 2,6; 2 Kor 8,5). Er kann denjenigen nicht segnen, der sich nicht Seiner Herrschaft und Liebe unterordnen will. Wir gehören Ihm und nicht uns selbst (1 Kor 6,19.20).

2. *Seien Sie immer bereit zu hören, was der Heilige Geist Ihnen sagt* (Röm 6,13-19; 8,14). Wir dürfen Ihn nicht betrüben, dämpfen oder Ihm in irgendeiner Weise widerstehen – Ihm, der in uns wohnt und unsere Salbung ist (Röm 8,9; 1 Jo 2,27). Wir sollen ständig mit dem Geist erfüllt (von Ihm geleitet) sein (Eph 5,18). Ein mit dem Geist erfüllter Christ wandelt des Herrn würdig (Kol 1,10).

3. *Beschäftigen Sie sich mit Jesus Christus statt mit sich selbst* (Hebr 12,2.3). Wir sollen unsere Gedanken auf Ihn richten (Kol 3,2). Unser ganzes Leben sollte christo-zentrisch und nicht egozentrisch sein. Das Abwenden von unserem Ego ist ein notwendiger Teil unserer Umwandlung.

4. *Gehorchen Sie dem Wort Gottes* (Joh 14,15.21; 15,10; 1 Jo 3,24)! Gott gehorchen ist mehr wert als alle Opfer (1 Sam 15,22). Wie können wir Jesus »Herr« nennen und nicht tun, was Er sagt (Lk 6,46)? Freiheit des Geistes bedeutet nicht, daß wir tun können, was uns gefällt, sondern was Ihm gefällt. Gehorsam dem Wort gegenüber bringt mehr Licht (Hebr 5,14). Wir müssen Gottes Willen tun wollen (Joh 7,17). Und wir dürfen erwarten, auf diesem Gebiet der Bereitschaft zum Gehorsam geprüft zu werden (1 Mo 22,1-18). Wir sollten Gehorsam dem Wort Gottes gegenüber nie »Gesetzlichkeit« nennen. Gesetz-

lichkeit existiert zusätzlich zu Gottes Ansprüchen, entweder hinsichtlich der Errettung oder des christlichen Lebens.

5. *Glauben Sie Gott und vertrauen Sie Ihm, daß Er alle Ihre Bedürfnisse erfüllt* (Hebr 11,8; Joh 14,1). Wir müssen im Glauben wandeln (2 Kor 5,7). Glaube ist einerseits eine Gabe Gottes, andererseits aber die moralische Verantwortung des Menschen selbst. Deshalb hat der Herr Jesus einige Seiner Jünger wegen ihres Unglaubens zurechtgewiesen (Mt 8,26; Lk 24,25).

6. *Dienen Sie anderen um des Herrn Jesu willen* (Gal 5,13; 2 Kor 4,5; Kol 3,23.24). Der Tränkende wird auch selbst getränkt (Spr 11,25). Ein Christ, der nur Segen empfangen und nicht weitergeben will, kann nicht wachsen. Eine bekannte Illustration dafür ist das Tote Meer: Es ist deshalb tot, weil es nur aufnimmt und nicht weitergibt.

7. *Disziplinieren Sie Ihr Leben* (1 Kor 9,27). Selbstbeherrschung gehört zur Frucht des Geistes (Gal 5,22.23; 2 Petr 1,6). Der Gläubige ist aufgefordert, die Werke des Fleisches zu töten (Röm 8,13; Kol 3,5). Gott arbeitet mit uns bei dieser Erziehung zusammen (Hebr 12,6.7). Die tägliche Darstellung unseres Leibes für Gott ist notwendig (Röm 12,1.2). Wir sollen dem Teufel widerstehen (Jak 4,7), in der Versuchung ausharren und überwinden (Jak 1,12), eifrig in guten Werken sein (Tit 2,14) und einander lieben (Joh 13,34). Wenn wir etwas Falsches tun, sollen wir die Sünde bekennen und lassen (Spr 28,13).

Und wenn wir versagen?

Können Christen auch versagen? Ja, freilich. Denken wir an David, Petrus und andere große Gottesmänner! Es ist jedoch wichtig, mit Gott sofort wieder ins reine zu kommen, damit Er uns nicht züchtigen muß (Hebr 12,5-9). Dies sind die göttlichen Heilmittel:

1. *Erfüllen Sie Ihre Pflichten.*
   a) Bekennen und lassen Sie alle Gedanken und Taten, von denen Sie wissen, daß sie nicht dem Willen Gottes entsprechen (Spr 28,13; 1 Jo 1,9).

b) Bringen Sie Ihre Beziehungen zu Ihren Mitmenschen in Ordnung, wo immer das möglich ist (Mt 5,23.24; Röm 12,18).
c) Vergeben Sie (Mt 6,14.15; 18,35). Seien Sie verträglich (Kol 3,13). Wiegen Sie die Fehler Ihres Nächsten soweit wie möglich mit Liebe auf (1 Petr 4,8; 1 Kor 13,4-7).
d) Suchen Sie wieder volle Gemeinschaft mit Gott in Wort und Gebet und mit anderen Gläubigen der örtlichen Gemeinde.

2. Verlassen Sie sich auf den Sieg Christi. Brechen Sie den Teufelskreis von Sündigen und Bekennen auf demselben Gebiet. Denken Sie daran, daß der Herr Jesus alles vollbracht hat, um uns heute, hier und jetzt, von der Macht der Sünde in unserem Leben zu befreien.

a) Er brach die Macht unserer sündigen Natur (Röm 6,6) und verurteilte die Sünde im Fleisch (Röm 8,3). Wir, die wir einst Sklaven der Sünde waren, sind nun frei (Röm 6,20). Das bedeutet aber nicht, daß die sündige Natur entfernt oder ausgerottet wurde (Gal 5,16.17; Mt 26,41; Röm 7,21.23), aber sie hat nicht mehr die vorherrschende Macht über uns wie früher.
b) Die Gläubigen brauchen Satan nicht mehr zu fürchten. Er wurde am Kreuz besiegt (Joh 12,31; 16,11). Seine Macht über die Gläubigen wurde gebrochen (Kol 2,15; Hebr 2,14). Jedoch werden wir aufgefordert, Satan zu widerstehen (1 Petr 5,8.9; Jak 4,7) und ihm keinen Raum zu geben (Eph 4,27).
c) Ein weiterer Feind des Christen ist die Welt – dieses satanische Moral- und Wertsystem mit seinem gottlosen Einfluß (1 Jo 2,15.16). Die Welt als System ist zu unterscheiden von den Bewohnern dieser Welt, die Gott liebt. Das System wurde von dem Herrn Jesus gerichtet (Joh 12,31; 1 Kor 11,32). Er betet für uns, daß wir davor bewahrt werden (Joh 17,15). Wir haben es überwunden (1 Jo 4,4; 5,4).

Grundsätze im persönlichen Leben

Der Gläubige muß jeden Tag eine gewisse Zeit mit Gott verbringen. Unser Leben ist eine innige Gemeinschaft mit der Person unseres Herrn Jesus Christus. Was kennzeichnet einen Christen, der von Gott gebraucht und gesegnet wird?

1. *Stille Zeit:* Das Ohr des Jüngers wird geweckt, um die Stimme Gottes zu hören (Jes 50,4). Die erste Zeit eines jeden Tages sollte Gott gehören (Mk 1,35). Wir können zwar am Abend oder zu anderen Tageszeiten beten und Bibelstudium betreiben, jedoch die Erfahrung vieler Heiligen in der Bibel, wie auch das Beispiel unseres Herrn Jesus, bestätigen die Notwendigkeit, den Tag mit Gott zu beginnen. Diese Zeit am Beginn eines jeden Tages soll der Betrachtung und direkten Begegnung mit Gott gewidmet sein.

2. *Gebet:* Unser Heiland sagte, daß man allezeit beten sollte (Lk 18,1). Der Herr Jesus nahm sich nicht das Recht heraus, ein Gebet zu unterlassen, und wir sollten es auch nicht tun. Gebet sollte die Nabelschnur unserer Gemeinde mit Gott sein. Wenn wir nichts erhalten, kann es daher kommen, weil wir nicht *beten* (Mt 7,7). Es ist daher wichtig, daß wir jeden Tag damit beginnen, unsere ganze Person Gott für Seine Zwecke zur Verfügung zu stellen und um Seine Führung durch den Tag hindurch zu bitten.

3. *Studium des Wortes:* Die Schrift ist uns von Gott als Nahrung für unsere Seele gegeben (Hebr 5,12-14; Ps 119,11). Wir sollten Gottes Wort essen (Jer 15,16). Wie kann ein junger Mann seinen Weg in Reinheit gehen? »Indem er sich bewahrt nach deinem Wort« (Ps 119,9). Studieren Sie die Bibel nach verschiedenen Gesichtspunkten:
   a) Betrachten eines kleinen Teiles der Schrift am Morgen.
   b) Systematisches Studium der ganzen Bibel.
   c) Spezielles Studium für bestimmte Aufgaben. Es ist wichtig, daß wir die Bibel für uns selber lesen und die Wahrheit auf unser Leben persönlich anwenden können. Es ist auch sehr empfehlenswert, Teile der Schrift auswendig zu lernen (Ps 119,11).

4. *Zeugnis:* Wir haben von Gott die Kraft, in dieser Welt Zeugen für den Herrn Jesus Christus zu sein (Apg 1,8). Die natürliche Art des Zeugnisses ist unser Leben, durch das wir unseren Glauben den Menschen um uns her bekunden. Durch Überwinden der Menschenfurcht werden wir befähigt, Jesus Christus den Menschen zu bekennen, die verloren sind und einer Ewigkeit ohne Christus entgegengehen.

Grundsätze für das Leben in der Gemeinde

Der Herr Jesus Christus hat eine große Liebe zu Seiner Gemeinde trotz all ihrer irdischen Unzulänglichkeiten (Eph 5,25). Seine Gemeinde besteht aus erlösten Menschen. Er will, daß sie sich an den verschiedenen Orten versammeln, um einander zu ermuntern, den Herrn anzubeten, Sein Wort zu predigen und Seinen Anweisungen zu gehorchen. Die Bibel spricht nirgends von einem Christen, der nicht zu einer örtlichen Gemeinde gehört und der mit Gott nur persönlich Gemeinschaft pflegt. Ein wichtiger Abschnitt für dieses Thema ist Apostelgeschichte 2,41.42. Wenn wir diesen Abschnitt betrachten, werden uns die normalen Aktivitäten und Verantwortlichkeiten der örtlichen Gemeinde deutlich.

1. *Taufe:* Die Taufe ist das öffentliche Bekenntnis eines neubekehrten Christen zum Herrn Jesus.

2. *Die Lehre der Apostel:* Die Lehre der Apostel ist für uns in der Bibel enthalten, zusammen mit der Lehre der Propheten des Alten Testaments – beides ist *Gottes Wort.* Die Predigt und Lehre des Wortes Gottes vor Zusammenkünften von Gläubigen ist eines der Mittel, die Gott für unser geistliches Wachstum vorgesehen hat. Sie versorgt uns mit systematischen Hilfen, um unser persönliches Bibelstudium sowohl zu ergänzen als auch zu korrigieren und uns anzuspornen.

3. *Die Gemeinschaft:* Die Gläubigen werden ermahnt, das Zusammenkommen mit anderen Gläubigen nicht zu versäumen (Hebr 10,25). Diejenigen, die diese Zusammenkünfte verlassen, werden als »nicht von uns« bezeichnet (1 Jo 2,19). In einem gesunden christlichen Leben haben Isolation und Individualismus keinen Platz. Beachten Sie, wie die ersten Christen zusammenhielten (Apg 2,44-47). Beachten Sie die Art und Weise, wie die meisten Briefe des NT adressiert sind.

4. *Das Brotbrechen:* Damit ist das Gedächtnismahl mit Brot und Wein gemeint, das der Herr in der Nacht, in der Er verraten wurde, eingesetzt hat (Lk 22,19.20). Die ersten Christen haben dieses Mahl regelmäßig gefeiert (Apg 20,7; 1 Kor 11,23-24).

5. *Die Gebete:* Gebet in Gemeinschaft mit anderen Gläubigen hat

im Leben des Christen ebenso seinen Platz wie das persönliche Gebet (Apg 1,14). Eine besondere Verheißung liegt auf dem gemeinschaftlichen Gebet (Mt 18,19). Gewaltige Dinge geschahen, wenn Gläubige miteinander beteten. Vielleicht haben Sie sich schon Jesus Christus als Ihrem Herrn und Erretter übergeben. Wenn ja – so war das der richtige Anfang. Sie müssen sich nun Ihm ganz anvertrauen, damit Er Tag für Tag Sein Leben in Ihnen leben kann (Gal 2,20). So wird Er in Ihnen und durch Sie siegreich sein.

Fragen zu Kapitel XIII

Das neue Leben

»Von neuem geboren werden« ist nur der Anfang des neuen Lebens des Gläubigen. Es umschließt viele Vorrechte, aber auch viele Pflichten, Aufgaben. Es ist wichtig, sich über folgende Fragen im klaren zu sein:

1. Jesus Christus kam, um den Gläubigen folgendes zu geben:
   a) ewiges Leben
   b) überströmendes Leben in diesem Leben
   c) Sieg über die Welt und ihre Versuchungen
   d) alles oben Erwähnte.
   (Wählen Sie eine Antwort.)

2. Wenn jemand an Jesus Christus gläubig wird, ist es wichtig, daß er
   a) seine Persönlichkeit ändert
   b) Jesus Christus öffentlich bekennt
   c) mit schlechten Gewohnheiten und schlechter Gesellschaft bricht
   d) Hilfe von einem reichen Christen sucht.
   (Wählen Sie drei Antworten.)

3. Geben Sie 1. Korinther 6,19.20 mit eigenen Worten wieder!

Wie betrifft Sie diese Bibelstelle persönlich?

4. Was sind nach folgenden Versen die Schlüssel zu einem sieghaften Leben als Christ?

   a) Johannes 14,21

   b) Römer 12,1.2

   c) 2. Korinther 4,5

   d) Epheser 5,18

   e) Kolosser 3,2

   f) Hebräer 11,6

5. Antworten Sie, indem Sie »richtig« bzw. »falsch« einkreisen!
   a) Es ist möglich, daß man sündigt, nachdem man ein Christ geworden ist.
   (richtig/falsch)
   b) Wir können nicht anders als sündigen.
   (richtig/falsch)
   c) Es macht nichts aus, ob wir sündigen oder nicht, denn »einmal gerettet heißt für immer gerettet«.
   (richtig/falsch)
   d) Es ist nicht nötig, unsere Sünden zu bekennen, nachdem wir gerettet sind, denn Gott hat all unsere Sünden bereits vergeben: die vergangenen, gegenwärtigen und zukünftigen.
   (richtig/falsch)

6. Was ist die Seite Gottes und was die des Menschen bei der Vergebung und Wiederherstellung des Christen (1 Jo 1,9)?

7. Welche Aktivitäten werden in den folgenden Versen angesprochen, die unsere Hingabe und innige Gemeinschaft mit dem Herrn vertiefen?

Markus 1,35

Apostelgeschichte 1,8

Psalm 119,9-11

8. In welchen fünf Dingen waren die Christen der Urkirche aktiv engagiert (Apg 2,41.42)?

Welche dieser Dinge sind bereits ein Teil Ihres christlichen Lebens?

9. *Was würden Sie sagen?* Welche Ereignisse führten zu Ihrer Bekehrung?
Was waren die bedeutendsten Änderungen in Ihrem Leben seit Ihrer Bekehrung?

10. Was sagen andere dazu?
Nehmen Sie in dieser Woche mit mindestens drei Personen Kontakt auf und stellen Sie ihnen die folgenden Fragen. Sie könnten etwa so vorgehen:
Ich mache eine Umfrage im Rahmen eines Bibelkurses hier in
...
Würden Sie mir bitte helfen und mir Ihre Meinung zu drei wichtigen Fragen sagen?

1. Wie wird man ein Christ?
2. Wie sollte Ihrer Meinung nach ein wirklicher Christ leben?
3. Welcher Gemeinde sollte sich ein echter Christ anschließen?

Herzlichen Dank für Ihre Mithilfe. Möchten Sie, daß ich Ihnen eine Kopie des Umfrageergebnisses zuschicke?
Danke.
Schreiben Sie Name und Adresse des Befragten auf die Karten, die Sie vom Kursleiter erhalten. Vermerken Sie die Antworten auf der Rückseite mit dem Hinweis, ob Kopien der Ergebnisse gewünscht werden. Geben Sie die Karten beim Kursleiter ab. Die Ergebnisse werden von ihm vervielfältigt und den interessierten Personen zugeschickt.

Terminologie der Errettung – biblische Schlüsselwörter

1. *Wiedergeburt:* Die neue Geburt, der Anfang des geistlichen Lebens eines jeden Gläubigen (Joh 3,3-8). Der Heilige Geist nimmt Wohnung im Leib dessen, der von Gott neues Leben empfängt. Dieses Wunder geschieht als Folge des Hörens von und des Glaubens an Gottes Wort (Röm 10,17; Eph 1,13; 1 Petr 1,23), durch das Wirken des Heiligen Geistes (Joh 3,5.6; Tit 3,5) und durch unsere Reaktion auf Gott, indem wir die Wahrheit glauben (2 Thes 2,13).

2. *Versöhnung:* Das ist das Zusammenführen derer, die getrennt waren (2 Kor 5,18-20). Der Begriff der Versöhnung in diesem Vers könnte als die Aussöhnung mit einem König verstanden werden, vor dem man schuldig geworden ist.

3. *Erlösung:* Das bedeutet Befreiung durch Zahlung eines Lösegeldes (Röm 3,24; Hebr 9,12). Die Gläubigen waren einst Sklaven: Sklaven der Sünde und Unreinheit (Röm 6,17-20), des Fluches des schrecklichen Gerichts durch das Gesetz (Gal 3,13; 4,5), der Angst vor dem bevorstehenden Tod (Hebr 2,15) und der Gewalt Satans (Kol 1,13; 2,15; Hebr 2,14.15). Nun sind wir in Christus befreit worden (Joh 8,36), weil Er mit Seinem kostbaren Blut das Lösegeld für uns bezahlt hat (1 Petr 1,18.19).

4. *Sühnung:* Das umfaßt alles, was der Herr Jesus am Kreuz als Grundlage unserer Errettung erwirkt hat. Sühnung ist für alle da, die zu Gott kommen wollen (2 Kor 2,14.15; 1 Tim 2,5.6; Hebr 2,9). Das alttestamentliche Wort bedeutet vor allem »bedecken«, bedeutet aber auch das Opfer, das die Ansprüche der Gerechtigkeit Gottes auf Bezahlung unserer Schuld voll zufriedenstellte. Der jüdische »große Versöhnungstag« (wörtl. »Sühnungstag«; 3 Mo 16,33.34), heute Yom Kippur genannt, ist ein Beispiel für den Gebrauch dieses Wortes im Alten Testament.

5. *Rechtfertigung:* Das ist eine göttliche Handlung, wodurch der heilige Gott den an Christus gläubigen Sünder für gerecht vor

Ihm erklärt und ihn ohne eigenen Verdienst von aller Anklage freispricht. Das geschieht »umsonst«, durch Seine Gnade (Röm 3,24). Es ist wichtig zu beachten, daß dies eine Erklärung von Gott her ist, keine Sache der Erfahrung (Röm 4,4.5; 5,1; Gal 2,16; 3,11). Rechtfertigung geschieht aus Gnade, durch Glauben und durch Sein Blut, ohne gute Werke und unabhängig vom Gesetz. Rechtfertigung aus Werken, wie sie von Jakobus (2,14-24) erwähnt wird, meint ein Sichtbarmachen der Echtheit des Glaubens, den man schon besitzt. Dies ist nicht eine Rechtfertigung, die zur Errettung führt, sondern eine äußere Darstellung des Glaubens durch Handlungen, die der Errettung folgen.

6. *Zurechnung:* Dies bedeutet, etwas »auf Rechnung eines anderen setzen«, und zwar durch eine richterliche Handlung Gottes, und wird in Philemon 18 illustriert. Gott legte unsere Sünden am Kreuz auf Christus und legte die Gerechtigkeit Christi auf uns als Gläubige (2 Kor 5,19.21).

7. *Vermittler:* Ein Vermittler ist notwendig, um einen heiligen Gott mit dem sündigen Menschen zusammenzubringen. Das ist der »Schiedsmann«, nach dem sich Hiob sehnt (Hi 9,33) und der in Christus dann Wirklichkeit wurde (1 Tim 2,5; Hebr 8,6; 9,15; 12,24).

8. *Genugtuung:* Das Wort ist eng verwandt mit »Gnadenstuhl« oder »Sühnedeckel« (dem Deckel der Bundeslade mit den zwei Cherubim), also dem Ort, wo das Opferblut im alttestamentlichen Heiligtum vor Gott hingesprengt wurde (Röm 3,24.25; Hebr 9,5-7; 1 Jo 4,10). Durch das Werk Christi, nicht durch menschliches Bemühen ist Gott uns gut gesinnt geworden, und den Ansprüchen Seiner Gerechtigkeit ist Genüge getan. Der Mann, der das Gebet des Sünders betete, rief in diesem Sinn: »Gott, sei mir gnädig« (Lk 18,13).

9. *Heiligung:* So wird die Beziehung beschrieben, die man durch den Glauben an Jesus Christus beginnt (Apg 26,18). »Heiligen« bedeutet »absondern« (1.) von den verunreinigenden und sündigen Elementen dieses Lebens und (2.) für die heiligen Pläne Gottes. Was unsere Stellung in Christus betrifft, sind wir in Ihm ein für allemal geheiligt (Apg 20,32; 1 Kor 6,11; Hebr

10,10; Jud 1). Dies traf sogar auf die sündigen Korinther zu (1 Kor 1,2; 6,1.2). Alle Gläubigen sind geheiligt, weil sie in Christus sind und werden daher als »Heilige« aufgrund dieser Verbindung mit Ihm bezeichnet. Heiligung hat aber auch eine dynamische, fortschreitende Bedeutung. Der Heilige Geist wirkt heiligend im Leben der Gläubigen, und wir sollten auf dieses Bestreben, uns in das Bild des geliebten Sohnes Gottes umzugestalten, auch unsererseits reagieren (Röm 8,29). Wir sind dazu aufgerufen, in der Praxis das zu werden, was wir unserer Stellung nach vor Gott schon sind.

Watchman Nee
**Zur Ehre
Gottes leben**

CLV-Paperback
168 Seiten, DM 9.80

Der Chinese Nee To-Sheng lebte von 1903-1972. Während seiner Studienzeit fand er 1920 zum lebendigen Glauben an den Herrn Jesus Christus. Als Christ wurde er später unter dem Namen Watchman (»Wächter«) Nee bekannt, der englischen Version seines chinesischen Namens.

Er wurde von Gott benutzt, um in der sogenannten »Kleine-Herde«-Bewegung in China einen prägenden Einfluß auszuüben. Diese Gruppe von Christen ist durch ihren hingebungsvollen Dienst und ihre praktische Treue zu neutestamentlichen Grundsätzen bekannt geworden.

Watchman Nee hat etwa 20 Jahre seines Lebens in Gefangenschaft zugebracht. 1952 wurde er – wenige Jahre nach der kommunistischen Machtergreifung in China – um seines Glaubens willen verhaftet und erst kurz vor seinem Tod freigelassen.

Die Bücher von Watchman Nee sind in den letzten Jahrzehnten auch im Westen bekannt und manche geradezu zu christlichen Klassikern geworden, obwohl fast alle aus Aufzeichnungen seiner in chinesischer Sprache gehaltenen Predigten und Vorträge entstanden sind.

»Tut alles zur Ehre Gottes« (1. Kor. 10,31). So lautet die Forderung des Wortes Gottes an uns Christen. In diesem Buch werden biblische Hilfen gegeben, wie wir in verschiedenen Bereichen unseres Alltagslebens Gott ehren können. Themen wie Essen und Trinken, Kleidung, Umgang mit Geld und Freizeit kommen ebenso zur Sprache wie Freundschaft, Partnerwahl, Ehe und Familienleben.

W.J.J. Glashouwer
**So entstand
das Christentum** . . .

TELOS-Paperback
224 Seiten, DM 9.80

Kompetent und in plastischer Erzählweise verfaßt, nimmt uns »So entstand das Christentum« mit in die Zeit Jesu Christi und der Apostel und läßt den Weg des frühen Christentums vor unseren Augen lebendig werden.

Wir erleben, wie sich in der Auseinandersetzung mit hellenistischen Philosophien, orientalischen Mysterienkulten und römischer Pragmatik die Gegensätzlichkeit und der Lebensanspruch des Christentums immer stärker herausformen.

»So entstand das Christentum« führt uns in eine längst vergangene Zeit und Welt, deren Fragen – und Antworten! – für uns heute brisanter denn je sind.

Dieses Buch ist die deutsche Ersterscheinung in der Reihe der populärwissenschaftlichen Sachbücher »So entstand die Welt«; »So entstand Israel«; »So entstand die Bibel«.